LA PENSÉE ÉGARÉE

DU MÊME AUTEUR

Jan Patočka. L'Esprit de la dissidence, Éditions Michalon, « Le Bien commun », 1998.

L'Intelligentsia roumaine, de la Garde de fer des années 1930 au national-communisme de Ceausescu, Bucarest, Humanitas, 1998 (thèse de doctorat).

Cioran, Eliade, Ionesco : L'Oubli du fascisme. Trois intellectuels roumains dans la tourmente du siècle, Presses universitaires de France, « Perspectives critiques », 2002.

Esprits d'Europe : Autour de Czeslaw Milosz, Jan Patočka, Istvan Bibo. Essai sur les intellectuels d'Europe centrale au XXe siècle, Calmann-Lévy, 2005 [Folio, 2010]. Prix de l'Essai européen.

Cartea Neagra : Le Livre noir de la destruction des Juifs de Roumanie (1940-1944), de Matatias Carp ; Alexandra Laignel-Lavastine pour la traduction du roumain, l'introduction, la présentation et l'édition critique, Paris, Denoël, 2009.

La Shoah roumaine : L'Horreur oubliée, numéro spécial de la *Revue d'histoire de la Shoah*, n° 194, janvier-juin 2011 (sous la direction de, en coll. avec Florence Heymann).

Luc Ferry, L'Anticonformiste. Une biographie intellectuelle. Entretiens avec Alexandra Laignel-Lavastine, Paris, Denoël, 2011 [Press Pocket, 2012].

La Mort aux champs : La Complicité des paysans ukrainiens dans la Shoah (Podolie), à paraître, 2016.

ALEXANDRA LAIGNEL-LAVASTINE

LA PENSÉE ÉGARÉE

Islamisme, populisme, antisémitisme :
essai sur les penchants suicidaires
de l'Europe

BERNARD GRASSET
PARIS

Ouvrage publié avec le soutien du CNL.

Photo de couverture : © Paul Klee, La larme, 1939.

ISBN : 978-2-246-85711-2

À mon amie Ariane Littman,
magnifique artiste israélienne
qui a accompagné l'écriture de ce livre.

À Avi et à Ilana Shoket,
mes anges gardiens de Beit Zayit.

À mon fils,
un homme debout, qui sait pourquoi
la philosophie doit toujours se tenir
sur la ligne du front. Tout comme Th.

Et à ma mère.

INTRODUCTION

Pour que les réveillés du 11-Janvier l'emportent sur les endormis du 6

Comment en sommes-nous arrivés aux sanglantes journées de janvier 2015 ? Et avant, tous ces Charlie, où étaient-ils ? Et depuis, où sont-ils passés ? La question décisive est aujourd'hui de savoir qui l'emportera, entre les endormis du 6 janvier et les réveillés du 11. Après la réplique de Copenhague en février, on serait même tenté d'écrire : entre les rendormis du 11 et les éveillés tout court. L'enjeu est crucial. À laisser le déni et le silence se réinstaller, c'est en effet une Europe d'extrême droite, submergée par la vague nationale-populiste, qui nous attend à brève échéance. À moins que ce ne soit la « soumission », comme dans le roman de Michel Houellebecq. Pour que nous ne retombions pas dans l'*avant*-Charlie aussitôt *après* ; pour que nous n'en soyons pas à nous donner rendez-vous au prochain attentat, à nous étreindre et à jurer derechef que la liberté, l'unité et la responsabilité vaincront, cet essai entend explorer plus d'une décennie de trahisons des clercs, passés maîtres dans l'art de se crever les yeux face à l'émergence d'un nouveau totalitarisme par crainte de nourrir l'« islamophobie ». Par quoi ils sont paradoxalement devenus les plus efficaces agents électoraux de Marine Le Pen. Trouble penchant suicidaire ? Quand politiquement correct et politiquement abject se mettent à faire cause commune, la question se pose. Plus largement, une sorte de folie collective semble s'être emparée des Européens, aussi aveugles devant la montée de l'islamisme et de l'antisémitisme que face aux intentions du Kremlin en Ukraine. À cet égard, la Chambre des lords allait jusqu'à déceler, au fil d'un rapport publié à la fin février 2015, un « fort élément de somnambulisme » et une étrange « perte collective de capacité analytique » dans l'attitude des chancelleries de l'Union. L'Europe, décidément, ne voit plus rien venir. Que se passe-t-il ? Pourquoi une telle régression intellectuelle ? Telle est l'énigme que cet essai, en forme de psychopathologie de l'esprit du temps – du *Zeitgeist*, comme on dit en allemand –, voudrait contribuer à percer.

Quand le Mal surgit du « camp du Bien »

Si les clercs peuvent à juste titre se défendre d'avoir armé le bras des assassins djihadistes, ils n'en ont pas moins œuvré à notre désarmement intellectuel et moral. Cette interminable déraison tombe singulièrement mal. Ce sont en effet deux cultures en crise qui se retrouvent aux prises sur le Vieux Continent, l'européenne et la musulmane. Une Europe pour deux grands corps malades ? C'est au moment où nos démocraties désemparées commencent à se découvrir à elles-mêmes leur propre ennemi, qu'elles s'en découvrent, stupéfaites, un autre. Elles se réveillent en guerre contre l'islamisme alors qu'elles se sentent justement fragilisées par la conviction d'avoir irrémédiablement perdu la maîtrise de leur destin dans la mondialisation. En cela, je tenterai de montrer en quoi l'ère post-11-Janvier nous confronte bien à une question de civilisation(s), au singulier comme au pluriel. D'autant que ces vigoureux fondamentalistes savent vendre à profusion du sens ultime, de la « gloire », du martyre et du sacrifice, quand nous n'avons plus de transcendance (laïque) et que nos politiques s'enlisent dans un verbiage technocratique fait de courbes, d'indices, de taux et de pouvoir d'achat. Pas de quoi galvaniser les cœurs et les âmes, ni réenchanter le Grand Dessein européen. Or, ce sont les idées qui mobilisent les peuples. Le Vieux Monde, retourné contre lui-même, est devenu, par notre faute et notre lâcheté, le ventre mou de l'Occident.

J'aurais aimé plaider pour une gauche des Lumières debout et lucide. Réflexion faite, j'en suis à me demander si gauche et droite ne sont pas devenues tout à fait obsolètes. La pensée me paraît à ce point déboussolée, que l'essentiel, en ce début de XXIe siècle, me semblerait plutôt consister à *garder le Nord* et à tenir le cap, à égale distance de la xénophilie angélisante et de la xénophobie diabolisante. C'est que le bon sens ou le sens commun, deux notions un rien désuètes mais philosophiquement capitales, se sont aussi perdus en cours de route. Il s'agira, au passage, de les réhabiliter. « Je me suis si longtemps vautré dans l'erreur qu'il m'est plus facile de persévérer dans cette voie que de m'arrêter en chemin », dit un personnage de Shakespeare. Quelle est cette ténébreuse logique qui a conduit tant d'entre nous à ne pas pouvoir ni oser désigner l'ennemi – *nous* intellectuels, journalistes, universitaires, romanciers, politiques, artistes, faiseurs d'opinion au sens large ? À être incapables d'appeler un chat un chat, de mettre nos montres à l'heure, d'admettre que le Mal puisse parfois provenir du « camp du Bien » et qu'un monstre rôde, sorti cette fois du ventre des anciens damnés de la terre ? Comme l'affirmait avec calme et dignité Philippe Val, l'ancien directeur de *Charlie Hebdo*, au soir du 7 janvier : « Nous n'avons pas su *en* parler comme il *aurait fallu.* » Pris en flagrant déni, nous avons tous compris ce qu'il voulait dire. Mais pourquoi une si longue cécité ? Et d'où vient que le Parti du déni ait si vite relevé la tête ?

De mai 1945 à mai 2015 : lugubre anniversaire

Ces interrogations sont au cœur de cet essai. L'Europe pensante les doit bien aux dix-sept victimes des attaques abjectes des 7, 8 et 9 janvier. Et à toutes les autres. Nous les devons aussi à nos enfants. 2015 : voilà que nous rentrons en guerre alors que nous célébrons le soixante-dixième anniversaire de la capitulation du national-socialisme. Si le national-populisme devait finalement emporter la mise, comment allons-nous expliquer aux générations suivantes que nous aurions parfaitement pu éviter cette terrible *défaite*, du coup encore plus « étrange » et impardonnable que celle de juin 1940 ? De mai 1945 à mai 2015, jamais la commémoration de la victoire sur le nazisme n'aura été, à vrai dire, aussi paradoxale ni aussi amère. Lugubre même, car il aura fallu que les nouveaux barbares ne tuent pas *que* des Juifs – à qui une partie de l'Europe manifestante contre Israël de l'été 2014 souhaitait la mort, encore un maudit « été 14 » – pour qu'un éphémère sursaut se produise et que chacun se veuille, le temps d'une marche, le gardien de son frère.

Alors oui, il était primordial d'enfin nommer l'ennemi, d'autant que la France et sa laïcité représentent une de ses cibles privilégiées. Il porte un nom. Il s'appelle le djihadisme. Et depuis peu, ce fléau de dimension planétaire – un phénomène total à la fois mouvant et protéiforme, politique et religieux – s'est invité dans nos rues et dans nos cours. Nous nous comporterions, sinon, comme si nos parents ou nos grands-parents avaient, eux, trouvé pertinent de ne pas prononcer les mots « nazisme » ou « stalinisme » pour ne pas risquer d'alimenter quelque préjugé antiprussien ou antirusse… Nous aurons cependant mis le temps, pour cause de substantif amalgamant et de mystérieuse clause de l'idéologie totalitaire la plus excusée. Or, la vérité n'a jamais « stigmatisé » personne. Il fallait au contraire qu'elle soit dite pour qu'en France, en effet, les musulmans « normaux » n'aient plus honte et pour que les Juifs aient moins peur. Seuls l'hypocrisie et le mensonge mènent au pire. « Je préfère mourir debout que vivre à genoux », disait le dessinateur Charb, prophétique. Le jeune parachutiste Imad Ibn Ziaten, le premier à avoir été abattu par Mohamed Merah, avait lui aussi refusé de s'agenouiller devant son meurtrier. Il est mort, comme Charb, en homme debout. Tâchons, pour une fois, d'être à la hauteur.

Mourir debout plutôt que vivre et penser à genoux

La victoire est loin d'être acquise. Esprit du 11-Janvier, es-tu là ? en était-on à se demander un mois après les massacres, tant la prise de conscience s'est vite dissipée. Tous les alibis étaient déjà bons pour penser à autre chose. Comment un événement aussi grave, porté par le contexte international radicalement nouveau et explosif que l'on sait depuis la liquéfaction des « printemps arabes » de 2011, a-t-il pu déboucher sur des résultats aussi misérables ? À ce degré d'absence à soi, on hésite entre faire tourner la table ou la renverser. Car voilà qu'il nous faut aussi compter avec les revenants. On les avait d'abord crus tapis dans le remords et la honte, ceux qui n'avaient pas trouvé de mots assez durs pour condamner, entre autres prouesses, le manifeste des douze publié par *Charlie Hebdo* en mars 2006. Un texte qui énonçait sans détours ce qui crevait les yeux, à savoir qu'après le fascisme, le nazisme et le stalinisme, l'islamisme est un totalitarisme religieux qui met la démocratie en danger. Mais non.

Il faudra à peine un jour ou deux aux esprits frappeurs pour resurgir de l'au-delà et retremper leur plume dans cet antiracisme dévoyé où ils s'illustrent depuis plus de quinze ans. Pour expliquer quoi dans leur rhétorique tordue ? Que le cancer islamiste ne prolifère pas sur les maux qui ravagent l'islam, mais procède d'une Europe ontologiquement coupable. Que les vrais auteurs du carnage ne sont pas les sombres tueurs apocalyptiques que l'on sait, mais les « islamophobes »... Au moins n'allaient-ils pas oser hurler, comme au lendemain des crimes de Merah, au « renforcement de l'arsenal sécuritaire » ? Décence minimale oblige. Eh bien si. Une semaine après la sidération et l'horreur, ces esprits faux devenus littéralement fous mettaient déjà en garde, non pas contre la barbarie djihadiste, mais contre... « le triomphe du Parti de l'ordre ». Un mois plus tard, on apprendra que c'est le Front national qui, à force de « jouer sur les haines », serait indirectement responsable du carnage. Cette gauche-là voudrait précipiter les gens vers l'extrême droite qu'elle ne saurait mieux s'y prendre. Alain Finkielkraut a raison : elle a perdu la tête, ce que j'appelle « le Nord ». Esprits frappeurs ou esprits frappés ?

Il revient au philosophe Jacques Maritain d'avoir forgé le néologisme *ex-cogiter*, non pas pour désigner un banal aveuglement de l'intelligence, mais pour rendre compte d'un art positif et méthodique de se crever mentalement les yeux. On ne saurait décrire au plus près l'état d'esprit qui domine au sein d'une certaine gauche française et européenne – je l'observe avec consternation s'agissant de ma propre famille politique. « Au-delà des communes bévues ou des simples myopies, la conscience qui excogite ne se contente pas de refouler les mauvaises pensées ou d'occulter des réalités déplaisantes[1] », rappelait André Glucksmann en 2003. Une excogitation réussie immunise d'emblée contre les démentis. Plus le « grand récit » structuré autour de l'antique clivage entre oppresseurs et opprimés se révèle caduque, plus il faudra s'y tenir, s'enferrer dans la spirale de la dénégation, le rendre infalsifiable voire le radicaliser. Car cela ne cadre pas. *It doesn't fit.*

De l'art de se crever mentalement les yeux

Dans une version qui relève moins de la psychiatrie que du désir – momentané ? – de faire amende

1. André Glucksmann, *Ouest contre Ouest*, Paris, Plon, 2003, p. 69-70.

honorable, on a vu après le 11-Janvier certains de nos médias et de nos politiques entrouvrir un œil, découvrir l'Amérique et feindre la surprise face à l'étendue de cette « France qui n'est pas Charlie ». En bas de chez moi, dès le matin du 10 janvier en Seine-Saint-Denis, le « complot sioniste » faisait déjà l'unanimité, comme chaque fois que le sang coule depuis les attentats du 11-Septembre. Il en va de même dans tous les cafés et marchés du 9-3. Qu'a fait la gauche bobo qui, elle, assénait encore une semaine avant la tuerie que l'intégration était en marche, que nous n'avions par ailleurs que des « loups solitaires » et des « actes isolés » – toute autre opinion relevant presque du fascisme ? Elle s'est mise en toute hâte à servir à ses lecteurs et à ses auditeurs d'innombrables « voyages » dans un « pays fracturé ». Des incursions plus glaçantes les unes que les autres au sein d'une France close et à la dérive qui n'a que faire de la liberté d'expression et qui ne comprenait pas du tout comment ces « salauds » que l'on venait de mettre en bière avaient osé blasphémer et caricaturer le Prophète. Une France lycéenne, notamment, que le massacre n'émouvait en rien. Ainsi la réaction emblématique de cette jeune fille à la sortie de son collège : « Ils abusent, ils ont pas le droit » – « ils », c'est-à-dire les dessinateurs, non les tueurs –, « faut pas qu'ils s'étonnent après qu'on s'énerve et qu'on vienne les liquider, c'est bien fait ! » Ce propos, je l'ai entendu mille fois dans mon « quartier sensible » après les attaques. « Le niveau monte », prétendaient les mêmes aveugles il y a peu.

Les éveillés, eux, mettaient en garde depuis des années contre cette désaffiliation et cette déculturation molles qui tendent à se diffuser à l'ensemble de la société. Ces « voyages » inquiétants dans un monde brisé vont-ils donner à réfléchir sur les dangers d'une sous-culture purement scientifique, technicienne et consumériste qui ne serait plus infusée par un minimum de culture philosophique et morale ? L'égorgeur anglo-pakistanais du journaliste Daniel Pearl n'était pas seulement intégré, il était diplômé de la prestigieuse London School of Economics. Va-t-on enfin comprendre que les vertus émancipatrices de la culture européenne, lesquelles conditionnent le renouvellement de notre système démocratique, sont menacées par ces deux écueils qui, bien souvent, n'en font qu'un : d'une part, le communautarisme ; de l'autre, le passage d'une morale de l'instruction à une morale du développement personnel sentimentalo-débile. On vient de voir sur quel désastre débouche cette généreuse vision du monde, longtemps soutenue par une idéologie pédagogiste pour laquelle la principale menace pesant sur les libertés résiderait dans la dictature « discriminatoire » de la culture générale. Où situer le plus horrifiant ? Dans cette perte absolue de repères parmi des jeunes pourtant nés et éduqués en France ? Ou dans l'hypocrisie de nos élites somnambules qui, de renoncements en capitulations, ont travaillé à accuser cette *fêlure morale* qu'il était jusqu'à présent de mauvais goût de vouloir voir et sur laquelle il était par conséquent de bon ton de ne rien savoir ?

Les islamistes assumés sont presque moins effrayants que ces progressistes égarés. Entre ceux qui ne pensent plus du tout à force de bien-penser et ceux qui ne voient plus les limites du mal-penser sans penser à mal – leurs bataillons grossissent également à vue d'œil –, les Européens éclairés ont du souci à se faire. Navrante ironie de l'histoire, bien-pensants et mal-pensants, qui s'imaginent croiser le fer du matin au soir, ne saisissent pas qu'ils ne cessent de se donner la main pour faire monter de concert les deux menaces du jour. Ces deux tendances lourdes qui, depuis le début du millénaire, ont le vent en poupe : l'islamisme d'une part (retour à une société fermée), le national-populisme de l'autre (rejet de la société ouverte). Bien-pensants et mal-pensants ont perdu le Nord. Or, il n'est désormais plus permis de persister dans ce jeu irresponsable à front renversé. Ni de se laisser bercer par la désinvolture et la nonchalance.

Car soyons honnêtes, nous avons eu un peu tendance à nous voiler la face, enfin si on ose dire, et à trouver plus confortable de faire *comme si.* Comme si le socle de valeurs humanistes et universalistes sur lequel notre mode de vie repose, un socle forcément fragile puisqu'électif, certes fondé sur un héritage mais aussi sur un plébiscite de tous les jours, allait de soi et pouvait être tenu pour acquis. Nous nous apercevons, effarés, qu'il ne l'est pas. Et si notre civilisation crépusculaire en venait, à force de perdre ses couleurs et de ne plus s'aimer elle-même, à s'abandonner aux coups portés par ces barbares qui, clairement, ne l'aiment pas ? Et s'ils parvenaient à puiser dans son raffinement, ses complications, son indulgence et ses règles de droit un avantage susceptible de rendre leurs assauts irrésistibles ? Les Européens se découvrent vulnérables sur tous les flancs : par leur *chute* dans un monde globalisé qui les détrône et les déprime, par les contradictions endogènes qui taraudent leurs démocraties mal en point, par la spectaculaire percée de l'islam radical sur leur sol et par l'embrasement du « front de l'Est » entre la Russie et l'Ukraine.

Oui, nous sommes en guerre

Depuis le début de l'année 2015, certains Européens ont néanmoins fini par s'apercevoir qu'une guerre ouverte et totale avait été déclarée à leurs valeurs humanistes et universalistes les plus précieuses, donc les plus frêles. Alors oui, forcément, nous sommes en guerre et quand on y est, mieux vaut la gagner. Nous ne sommes pas en guerre contre une religion ni contre une minorité, nous sommes en guerre contre l'islamisme, le djihadisme terroriste et la haine, disait le Premier ministre Manuel Valls dans son discours du 13 janvier, un des plus poignants de la Ve République, tout en admettant que « nous avons laissé passer trop de choses ». Beaucoup de gens sensés ne l'avaient pas attendu pour s'en rendre compte. Ils s'étaient avisés que la vertigineuse expansion de l'islam radical – défi majeur du XXIe siècle – constitue un point aveugle de la politique occidentale depuis trois décennies.

L'Europe ne l'a pas vu éclore, elle n'a pas compris le sens de la Révolution iranienne de 1979 ni perçu l'importance de l'ancrage islamiste au Pakistan. Elle a minimisé la haine viscérale de l'Occident qui anime une importante partie du monde musulman et dont la première guerre du Golfe, en 1990, fut pourtant un formidable révélateur. Elle a sous-estimé la capacité destructrice d'al-Qaïda et de ses satellites. Elle reste, en l'absence dramatique d'une politique étrangère et de défense communes, aussi lâche que divisée face à la dégradation dramatique de la situation au Sahel où nos courageux soldats français se battent seuls contre les djihadistes. Quant à l'effroyable Daesh (l'État islamique), cette Internationale de la terreur désormais surpuissante, les incohérences de la stratégie mise sur pied à l'automne 2014 contre le Califat du sang sont patentes. C'est du reste le moment idéal que le gouvernement français a choisi pour détruire l'armée de la République – la dernière armée européenne avec la Grande-Bretagne – au gré de mesures et de coupes budgétaires plus suicidaires et aberrantes les unes que les autres.

Il est vrai que cette guerre nouvelle ressemble fort peu à celles du xxe siècle. Son caractère inédit explique en partie notre difficulté à adapter nos catégories mentales en même temps que la lenteur des administrations à « percuter » le danger et à réajuster les dispositifs de lutte contre une peste verte aussi redoutable que sournoise. Il ne s'agit pas de verser ici dans une rhétorique martiale, mais de se convertir au réel, de reprendre nos esprits et – qui sait ? – de nous redresser à la faveur de notre combat contre un ennemi commun.

La guerre où nous sommes engagés, je m'efforcerai de le montrer, est aussi une guerre de valeurs, et nos remarquables soldats d'origine musulmane, au nombre de quatre sur dix environ dans l'armée française, le savent fort bien. Éric Zemmour et son « suicide français » les exaspère ; un livre intitulé *Pour les musulmans* les insulte. Nombre d'entre eux ne décolèrent pas contre l'idée perverse que l'on puisse les placer sans vergogne dans le même panier que les fous d'Allah contre qui ils se battent souvent au corps à corps. Car cette guerre-là n'est pas uniquement technologique et elle ne se fait pas qu'avec des drones, contrairement à ce que l'extrême gauche se complaît à croire. Ces jeunes gens qui savent faire abstraction d'eux-mêmes portent beaucoup plus haut les valeurs historiques de la gauche que les « gauchos » en pantoufles qui prétendent parler en leur nom. Ils sont également conscients, ces hommes debout, que la liberté doit parfois se défendre les armes à la main. Que le « souci de l'âme » (Jan Patočka) qui a donné naissance à l'Europe va parfois de pair avec le souci des armes. Et qu'à cet égard, nos sociétés ont un énorme problème, moins militaire que moral.

Comment promouvoir l'esprit de responsabilité quand la plupart de nos contemporains ont cessé de se vivre comme des endettés et des héritiers, ne voyant plus, dès lors, pourquoi s'infliger cette corvée qui voudrait que l'on ait à se placer du point de vue de l'ensemble, de l'intérêt général ? Pour le dire avec les mots du philosophe Marcel Gauchet, nous avons basculé, dans la période récente, vers un individualisme de déliaison où l'exigence d'authenticité et l'affirmation débridée des « moi » ont commencé à « devenir antagonistes de l'inscription dans un collectif[2] ». De là venait d'ailleurs le caractère si frappant des défilés du 11-Janvier, comme si, soudain, le collectif s'était réveillé dans l'individuel, observait de son côté l'historien Pierre Nora.

Avancer sur une ligne de crête

Par extraordinaire, il semble pourtant que tenir le cap des Lumières revienne, de nos jours, à avancer sur une ligne de crête. Tenir le cap, ou tracer une voie

2. Marcel Gauchet, *La Démocratie contre elle-même*, Paris, « Tel » Gallimard, 2002, p. 245.

médiane qui ne le cède à aucune des deux doxas du jour : ni à la tragique tentation consistant à envisager de livrer les clés du Vieux Continent à Marine Le Pen et à ses collègues populistes de l'Atlantique à l'Oural. Ni à la non moins tragique illusion consistant à voir dans nos milliers de djihadistes de fabrication locale autant d'« enfants perdus ». Une façon de ne surtout pas interroger l'impact de l'islam identitaire sur l'intégration des communautés musulmanes d'Europe à des sociétés plurielles. Et, par là même, la meilleure manière de servir la soupe à l'ultra-droite en lui faisant cadeau de la défiance croissante des Européens envers leurs élites et envers le projet européen, envers les musulmans en particulier et les étrangers en général, ainsi que l'attestent toutes les enquêtes d'opinion menées depuis dix ans. Et aussitôt rangées dans un tiroir. Le choc de janvier 2015 aura-t-il le « mérite » de remettre la pensée à l'endroit ? Cette interrogation constitue un des fils rouges de ce livre.

Une note plus personnelle pour clore cette introduction. J'aborderai, dans ces pages, la noirceur de l'islam contestataire et antisystème si répandu en banlieue. Ce diagnostic repose sur trois décennies d'observation participante dans le 93 où j'habite, à la différence de beaucoup d'intellectuels. Sur ce point, passer quotidiennement de la Rive gauche à la Seine-Saint-Denis est une expérience qui prend parfois un tour… quasi phénoménologique. Deuxième remarque : le lecteur pourra me reprocher d'être particulièrement sévère envers la gauche. Je le suis car il se trouve que j'*en* suis, à moins que je n'en porte le deuil, on ne sait plus trop. Ses errements occupent donc une place importante dans ces pages car je l'observe avec colère trahir méthodiquement toutes ses valeurs — les unes après les autres. Les divagations de la droite m'affectent moins. Je les évoque aussi.

Je tiens enfin à préciser que l'essentiel de ce livre, entamé pendant l'été et achevé à la fin de l'année 2014, a été rédigé avant les événements de janvier 2015. Je me suis contentée d'en remanier l'introduction pour faire place à la tragédie. J'y fais allusion ici et là au fil des pages. Dans un article écrit dès le mois d'août et publié en septembre dans l'*Israel Journal of Foreign Affairs* sous le titre « Is Democratic Europe on a Path toward Suicide ? » (en français, « Les penchants suicidaires de l'Europe démocratique ? ») toutes les thèses présentées ici étaient déjà posées. J'aurais préféré que l'année 2015 n'avère pas cette triste chronique d'une catastrophe annoncée.

À l'heure où le désenchantement démocratique s'empare des sociétés européennes et où l'islam radical, lui, ne désarme pas. À l'heure où il s'agirait de ne pas confirmer le mot de Paul Valéry sur la fragilité de notre civilisation en l'absence de « parade assurée contre les desseins criminels d'une poignée de fanatiques », ces pages sont également mues par la certitude qu'il n'est pas, pour les dissidents du XXIe siècle, de tâche plus urgente que celle visant à revisiter les fondements humanistes de la pensée antitotalitaire. Une certitude et une conviction : les intellectuels européens et musulmans éclairés n'y parviendront qu'ensemble. S'ils échouent, l'humanité plongera dans la nuit. Ce ne sera pas la première fois.

PREMIÈRE PARTIE

UN BASCULEMENT DE CIVILISATION

« Seuls les éveillés partagent un monde commun ;
les endormis vivent chacun dans leur monde. »

HÉRACLITE

« Des yeux qu'on a convaincus à force de mots
d'être aveugles / Zur Blindheit über-redete Augen. »

PAUL CELAN

CHAPITRE 1

Une question de civilisation(s)?

Il aura fallu les dix-sept victimes de janvier 2015 pour qu'on le comprenne enfin : l'offensive djihadiste se pose bel et bien à *nous* comme un problème de civilisation. Un « nous » qui englobe, cela va de soi, les musulmans démocrates et laïcs dont nous devrions épouser le combat comme hier celui des dissidents soviétiques ou de l'Est. Entre le massacre à *Charlie Hebdo* et la tuerie de l'épicerie casher de la porte de Vincennes, cette atroce équipée meurtrière aura au moins eu pour effet de nous tendre un miroir et de nous renvoyer à nous-mêmes : est-il vraiment certain que nous soyons encore assez armés, intellectuellement et moralement, pour répondre à leur barbarie ?

Au singulier comme au pluriel

Pourquoi une question de civilisation ? La réponse se conjugue à la fois au singulier et au pluriel. Au singulier et avec une majuscule, car plus personne ne peut nier que l'islamisme soit parti en guerre contre la *civilisation* tout court, contre la vie et la dignité humaines. C'est cette prise de conscience horrifiée qui a fait l'esprit du 11-Janvier, un « non » massif et spontané opposé à des assassins qui venaient de s'en prendre à une sorte de minimum commun absolu. Paris, ce jour-là, est redevenu la capitale du monde et nous étions tous Charlie, tous Juifs, tous flics et tous Ahmed, surtout dans un pays où la liberté s'est historiquement construite contre la religion, priée de se cantonner à la sphère privée. Depuis la loi de 1905 sur la séparation de l'Église et de l'État, la République l'exige de toutes les confessions. Si un certain nombre de musulmans sont venus rouvrir, depuis une dizaine d'années, la question de la croyance dans la vie publique, ils n'échappent pas à la règle, comme pour le délit de blasphème, abrogé en France en 1791. Ainsi que l'écrivait le recteur de la mosquée de Bordeaux en 2012, Tareq Oubrou, avec une fermeté qu'on aurait aimé trouver chez tous nos intellectuels, l'islam doit vivre dans son époque et casser la vieille coquille qui en étouffe l'esprit. Voilà trois décennies que ce théologien – « islamophobe » ? – invite ses fidèles à souscrire à la célèbre formule de Jean-Paul Rabaut de Saint-Étienne pendant la Révolution française : « L'histoire n'est pas notre code[3]. » D'un côté, les musulmans d'Europe sont trop peu nombreux à connaître leur religion et se crispent sur des traditions qu'ils confondent avec l'islam, dont le port du voile, déplorait-il. De l'autre, l'Europe issue du judéo-christianisme et des Lumières a tendance à se défier d'une religion suspectée de vouloir conquérir l'espace public. Et que dira-t-il un mois après les attentats ? Toujours la même vérité criante, celle que l'on ne

3. Tareq Oubrou, *Intégration, laïcité, violences : Un imam en colère*, entretiens avec Samuel Lieven, Paris, Bayard, 2012, p. 29 et p. 61-62.

pouvait pas énoncer avant Charlie sans se faire traiter de « raciste », à savoir que la montée en visibilité de l'islam déstabilise, en Europe, les identités nationales.

La menace que fait peser l'islamisme sur le monde civilisé se conjugue donc aussi au pluriel, et avec une minuscule, comme un problème de *civilisations*. Deux cultures en crise se retrouvent en effet sur le sol européen. Deux cultures déchirées, chacune à sa façon et à des degrés divers, entre la haine (de soi, de l'autre) et la honte. Il y a la détresse des Européens, affolés par leur basculement dans un monde globalisé. Et, en face, la difficulté des musulmans à endiguer la montée de l'intégrisme. Retard abyssal dans la culture arabo-musulmane, débâcle dans l'hyper-modernité fluide.

Ici, une civilisation islamique malade, un monde en décomposition travaillé par des courants haineux et obscurantistes nés de ses propres errances. Ce sont ses pathologies chroniques qui nourrissent le fondamentalisme. Le philosophe Abdennour Bidar les énumérait ainsi dans sa superbe *Lettre ouverte au monde musulman* de l'automne 2014 : « Impuissance à instituer des démocraties durables dans lesquelles est reconnue comme droit moral et politique la liberté de conscience vis-à-vis des dogmes de la religion ; difficultés à améliorer la condition des femmes dans le sens de l'égalité, de la responsabilité et de la liberté ; impuissance à séparer suffisamment le pouvoir politique de son contrôle par l'autorité de la religion ; incapacité à instituer un respect, une tolérance et une véritable reconnaissance du pluralisme et des minorités religieuses[4]. » On se souvient, dans le même esprit, du cri

4. Abdennour Bidar, « Lettre ouverte au monde musulman », *Marianne*, 3-9 octobre 2014, p. 21. Voir aussi son essai, *L'Islam*

d'alarme lancé par l'écrivain Abdelwahab Meddeb qui, en janvier 2013, deux ans avant Charlie, invitait artistes et intellectuels musulmans à se constituer en réseau de l'Algérie à l'Asie du Sud pour opposer un contre-discours à la déferlante wahhabiste et salafiste. L'horreur se déplace à travers l'histoire, les croyances et les peuples. Après les forces du mal européennes, d'origine chrétienne – les croisades, l'Inquisition –, voilà que le pré de la malédiction se trouve désormais investi par celles d'un islam à la croisée des chemins entre « civilisation et barbarie », expliquait-il déjà en 2008[5]. Bidar, sur ce point, se montrait encore plus sévère trois mois avant les attaques de janvier 2015 : « As-tu encore une sagesse à proposer au monde ? Où sont tes grands hommes ? Qui sont tes Mandela, qui sont tes Gandhi, qui sont tes Aung San Suu Kyi ? »

C'est aussi parce que le monde arabo-musulman n'a eu de cesse, au XXe siècle, de marginaliser ses penseurs libéraux, favorables à un islam des Lumières, que son retard est à ce point dramatique, insiste pour sa part l'anthropologue Malek Chebel[6]. Plus en amont, le principe de l'humanisme linguistique, introduit en Europe par Dante et qui se développera à la faveur de la Réforme et de la construction des États nations, lui est resté étranger[7]. À ces handicaps s'ajoute une

sans soumission : pour un existentialisme musulman, Paris, Armand Colin, 2014.

5. Dans *Sortir de la malédiction. L'Islam entre civilisation et barbarie*, Paris, Le Seuil, 2008. Voir aussi, d'Abdelwahad Meddeb, *Contre-prêches. Chroniques*, Paris, Le Seuil, 2006.

6. Voir, entre autres, Malek Chebel, *Changer l'islam*, Paris, Albin Michel, 2013.

7. Un facteur que Moustapha Safouan place au cœur de son analyse dans son essai : *Pourquoi le monde arabe n'est pas libre : politique de l'écriture et terrorisme religieux*, Paris, Denoël, 2008, p. 142.

forte réticence à s'interroger sur ses propres échecs : rendez-vous manqué avec la modernité depuis des siècles, virage démocratique raté après la décolonisation et, partout, un océan de misère, de corruption, de dictatures, d'oppression, d'arriération sociale et d'analphabétisme. Face à ce désastreux bilan, prédomine la tendance à fuir toute remise en question dans la recherche éperdue d'un coupable. D'où l'idée que c'est aux Juifs et aux Occidentaux qu'incomberait la responsabilité de ce déclin, raison pourquoi il faut leur faire la guerre. À défaut d'avoir su moderniser l'islam, au moins pourrait-on tenter d'islamiser la modernité ? Une compensation face à la nostalgie d'une grandeur perdue au sein d'une culture inconsolée de sa propre destitution ? Abdennour Bidar est sans complaisance vis-à-vis de cette propension à reporter la faute sur l'Occident. « Combien de temps précieux vas-tu perdre encore, ô cher monde musulman, avec cette accusation stupide à laquelle toi-même tu ne crois plus, et derrière laquelle tu te caches pour continuer à te mentir à toi-même ? », interrogeait-il encore à l'automne 2014.

Là, une Europe crépusculaire elle aussi en proie à une adversité intime. Une Europe qui ne sait plus où elle en est, ni sur quels principes elle repose, ni à quoi elle aspire, ni ce qu'elle pourrait désormais avoir de si précieux à offrir, de son côté, aux autres. Les habitants du Vieux Monde sentent depuis quelque temps que leur civilisation a un peu rompu avec la part la plus lumineuse d'elle-même. Au-delà du singulier et du pluriel, on aurait surtout aimé pouvoir conjuguer ce diagnostic à l'imparfait, forts de la conviction que nous aurions assurément, de part et d'autre, un *avant* et un *après*-Charlie. Rien n'est moins sûr.

Affirmer que l'islamisme nous adresse un défi civilisationnel (et non pas seulement social, policier ou militaire), revient à comprendre que nous allons devoir combattre sur trois fronts. Il y a bien sûr celui de la terreur djihadiste, mais aussi – deuxième front – la question de savoir dans quelles ressources puiser pour nous ressaisir quand l'humanisme sur lequel nos sociétés reposent prend l'eau de toutes parts. Troisième front : comment sortir de ces deux visions antagonistes qui, dans la sphère médiatico-intellectuelle, tendent à se partager l'intelligence du monde depuis le début du XXIe siècle : la *vulgate bien-pensante* qui se claquemure dans le déni des maux qui ravagent le monde musulman, y compris l'hystérie antisémite et conspirationniste. Et la *vulgate mal-pensante* qui, de plus en plus exaspérée par la première, commence à flirter avec le rejet de la modernité démocratique et à juger Marine Le Pen fréquentable, au risque d'encourager l'esprit de pogrom.

Nous n'en sortirons pas par le haut à faire l'économie d'une réflexion plus ample sur les tensions qui traversent nos sociétés. Jusqu'à quand vont-elles résister à cette fêlure intérieure qui consiste à prôner d'une main les vertus de l'esprit critique et l'exercice d'une citoyenneté libre, tout en broyant ou en ridiculisant, de l'autre, les exigences qu'implique ce bel idéal émancipateur ? Comment mieux intégrer nos minorités quand un certain nombre de leurs représentants admettent ne plus vraiment le souhaiter et quand la crise, décidément globale, affecte le modèle intégrateur lui-même, plus ou moins en voie de désintégration ? De ces interrogations, une bonne et une mauvaise nouvelle. La bonne tient au fait qu'il existe une autre manière de répliquer au politiquement correct que la fuite en avant vers le politiquement abject, et réciproquement. La mauvaise tient à ce qu'il est malaisé, quand on est en guerre, de porter simultanément les armes sur plusieurs théâtres d'opérations. Prôner l'esprit d'auto-examen constitue même une gageure quand l'ennemi est à pied d'œuvre sur Internet, dans nos prisons ou au pied de nos cités. Et quand c'est l'esprit d'accusation à l'encontre de l'arrogance occidentale qui a longtemps prévalu. On peut douter qu'il ait été miraculeusement chassé par le fameux esprit du 11-Janvier.

L'explosive nouveauté des temps

Fâcheuse convergence : là où musulmans et non-musulmans devraient confluer (humanisme) pour faire respectivement face à leurs démons, les uns et les autres ont tendance à s'entendre sur la mise en cause du modèle européen. Au lieu de plaider pour un peu plus de romantisme dans l'amour que nous portons à nos valeurs au sein d'une modernité zappeuse et un rien déshumanisante, au lieu de nous ranger derrière les courageux porte-étendards d'un islam des Lumières, nous avons fait tout l'inverse. Nous avons pratiqué le romantisme pour eux et la contrition pour nous, à l'instar d'un certain nombre de musulmans beaucoup moins éclairés que Meddeb, Chebel ou Bidar. Comme si, dans le monde arabe, la barbarie avait surgi du néant et non de l'état calamiteux où il convulse. Mais pourquoi s'étonner que cette posture victimaire soit si répandue quand notre doxa politiquement correcte l'a soutenue pendant des décennies, décourageant ainsi le passage, pourtant vital, d'une culture de la honte, de l'accusation et de l'autodéfense à une culture de l'autocritique et de la responsabilité ? Le problème est profond, mais qui veut l'entendre ?

Les quelques centaines de musulmans de diaspora qui, après une série de décapitations et l'engagement d'une coalition internationale contre l'État islamique, se sont rassemblés à l'automne 2014 pour crier « Not in my name ! », n'échappent pas complètement au piège. Il est certes réconfortant, voire capital, de les entendre dénoncer la barbarie. Mais il ne suffit pas de s'indigner si c'est pour rater une occasion historique de se remettre en cause, de comprendre que le djihadisme est un symptôme et de s'interroger sur les racines du mal. Il ne suffit pas de reprocher aux Occidentaux de les associer à tort au monstre terroriste en allant répéter que ce n'est pas l'islam, le vrai, le bon islam. Comme si une religion n'était pas ce que des minorités très actives en font à tel ou tel moment de l'histoire. Il ne faudrait pas que ces protestations d'innocence reviennent à contourner la seule question qui vaille : pourquoi ce monstre est-il sorti du ventre de l'islam ? Pourquoi lui a-t-il volé son visage et non celui d'une autre religion ? Et comment y remédier tous ensemble ? À refuser de poser le problème en ces termes nuancés, à continuer d'opposer un monde musulman ontologiquement innocent à un monde européen ontologiquement coupable, nous n'irons nulle part. Ou plutôt si, puisque c'est à coup sûr un Vieux Continent séduit par les sirènes du populisme qui menace à l'horizon[8]. On aura alors beau jeu de porter le deuil de la civilisation, au singulier comme au pluriel.

Si nous sommes mal engagés sur ces trois fronts, nous n'avons plus le choix puisque tout se tient. Qu'est-ce que ce djihadisme à la fois planétaire, moyenâgeux

8. Voir chapitre 10.

et pulsionnel, sinon le monstrueux rejeton de l'intégrisme islamique, de la mondialisation technologique, de l'abrutissement consumériste, d'une Europe qui se saborde et de la déliquescence morale de ses intellectuels (de gauche, surtout, malheureusement) jusque-là enchantés par leur anticolonialisme philo-islamique hors de saison ? C'est au point de rencontre entre ces diverses évolutions que se joue la radicale et explosive nouveauté de notre époque. Elle réside dans cette inopportune concomitance qui veut que nos démocraties se réveillent face à un adversaire redoutable alors qu'elles s'emploient, depuis deux ou trois décennies, à saper souterrainement leurs propres fondations. C'est ici par elle-même et de son propre chef que l'Europe se désarme, sous l'effet conjugué de la poussée hyperindividualiste et de cette idéologie diffuse selon laquelle être libre consiste moins à civiliser l'irresponsable, le violent, les passions basses et l'infantile en nous qu'à se mettre à leur service.

Une périlleuse dynamique s'est enclenchée là et c'est la raison pour laquelle nous avons obscurément conscience de vivre un de ces moments charnières où une civilisation bascule. Ces deux mondes qui inclinent chacun à se retourner contre soi, contre ce qu'il y a de grand et noble dans leur tradition, en viendront-ils à se retourner l'un contre l'autre ? Que va-t-il naître de ces confrontations à multiples détentes ? Aborder à part ces deux versants de la crise de civilisation(s) que nous traversons reviendrait à manquer l'essentiel. « Sacrifier la vérité afin de ne pas nourrir la bête, c'est nourrir la bête en lui faisant le cadeau de la vérité[9] »,

9. Alain Finkielkraut, *L'Identité malheureuse*, Paris, Stock, 2013, p. 188.

écrivait à juste titre Alain Finkielkraut en 2013. Or, voilà que nous avons plusieurs « bêtes » à affronter, à commencer par notre propre et immense bêtise.

S'égarer à front renversé : l'enfouissement et l'apocalypse

Sur la question de l'islamisme, la *pensée égarée* se décline selon deux approches contraires : l'enfouissement et l'apocalypse. *L'enfouissement* : constater l'existence d'un problème lié à une radicalisation de l'islam d'Europe, fut-elle minoritaire, s'apparenterait à une faute morale. La méthode privilégiée : l'intimidation. Il ne sera pas permis d'interroger le sombre bagage idéologique qui, en règle générale, accompagne cet islam de rupture : faible culture démocratique, difficulté à comprendre le sens de la laïcité et de la liberté d'expression, théories du complot, etc. Jusqu'en janvier 2015, il fallait vraiment être « islamophobe » ou « néoréactionnaire » pour se permettre ce genre de mauvaise pensée. Au mieux, on se voyait accusé de « stigmatiser » et naturellement d'« amalgamer » – deux verbes clés de la novlangue contemporaine. Dans ces conditions, il était interdit de se demander, avec l'essayiste allemand Hans Magnus Enzensberger, si l'islamisme ne constituerait pas un moyen idéal de mobiliser les perdants radicaux en ce qu'il parvient justement « à *amalgamer* des motivations religieuses, politiques et sociales[10] ». Honteux interdit, puisqu'au passage, ce sont les musulmans

10. Hans Magnus Enzensberger, *Le Perdant radical. Essai sur les hommes de la terreur*, Paris, Gallimard, 2006, traduit de l'allemand par Daniel Mirsky, p. 29.

lucides et courageux qu'on abandonnait à leur solitude. Ainsi de Raouf Oufkir, un historien marocain qui se définit comme libéral et qui, dans un livre de 2012, *Pourquoi l'intégrisme nous menace ?*, avait l'audace de placer ses coreligionnaires devant leur responsabilité. Si l'islam d'Europe ne démontre pas avec clarté « sa volonté de s'adapter sincèrement aux lois, aux mœurs des pays non-musulmans dans lesquels ils ont choisi de vivre et de partager un destin commun », écrivait-il, s'il ne respecte pas à la lettre la laïcité républicaine, l'égalité des sexes et des minorités religieuses ou sexuelles, alors « il s'interdira de fait toute intégration possible, s'enfermera dans le communautarisme et allumera lui-même le feu d'une confrontation stérile et perdue d'avance[11] ». Perdue d'avance ? Depuis le début de l'année 2015, on inclinerait à ne plus être aussi catégorique.

L'apocalypse : profitant de cet isolement comme de la paralysie d'une partie de la gauche, d'autres brandissent l'irrésistible péril que représenterait l'islam pris en bloc pour la survie de notre blanche et chrétienne civilisation. On songe, entre autres, à Pegida, le mouvement des « Patriotes européens contre l'islamisation de l'Occident », récemment apparu en Allemagne où se côtoient des néonazis et des familles ordinaires mais inquiètes, un peu comme lors du Printemps français de 2013. Les clercs obscurs agitent dans ce domaine la perspective apocalyptique d'un « grand remplacement ». Remplacement de la culture européenne par la culture musulmane. Remplacement démographique des « Blancs » au profit des « Arabes », pauvres ou originaires des États du Golfe. Issue redoutée : plus que

11. Raouf Oufkir, *Pourquoi l'intégrisme nous menace ?*, Paris, Pygmalion, 2012, p. 158.

des voiles, des « barbus » et des capuches dans nos quartiers « colonisés par la racaille » et, bientôt, une forêt de burqas à Passy-Auteuil et à la terrasse du Fouquet's. L'image qui prédomine dans cette sensibilité ultra est celle de la submersion. Et l'égarement des esprits est tel qu'il arrive désormais à des « Juifs de droite » de s'imaginer en éventuels alliés de circonstance de ces mobilisations. Ils ont tort. On n'a jamais vu, dans l'histoire européenne, le racisme et l'antisémitisme faire longtemps chambre à part. Du reste, tous les sondages récents montrent que la mauvaise opinion déclarée à l'égard des musulmans se combine chaque fois avec une mauvaise image des Juifs. Une enquête choc réalisée par la Fondation pour l'innovation politique, rendue publique à la mi-novembre 2014, ne montre pas seulement que près d'un Français sur deux partage une partie des stéréotypes antisémites concernant le « pouvoir des Juifs », l'« utilisation » de la Shoah et le « complot sioniste ». Elle nous apprend que les musulmans sont deux à trois fois plus nombreux que la moyenne à partager des préjugés contre les Juifs. La conclusion mérite d'être relevée : c'est parmi les électeurs de Marine Le Pen, parmi les musulmans qui se déclarent pratiquants et parmi les sympathisants du Front de gauche, que les préjugés antisémites sont les plus répandus[12].

Pour les tenants de l'*Apocalypse now*, le rôle dévastateur de nationalismes hantés par l'homogénéité ethnique n'aura aucune place. Au XXe siècle, cette obsession a pourtant mené l'Europe à sa ruine. Oubliée, que ce soit par inculture, par inaptitude à inscrire le

12. Étude réalisée par la Fondation pour l'innovation politique (avec l'Ifop), rendue publique à la mi-novembre 2014. Voir *Le Monde* du 15 novembre 2014 : « L'antisémitisme se répand, selon une enquête ».

présent dans une perspective historique ou par franche adhésion à une vision organiciste de la société. D'une manière générale, on ne mesure pas non plus assez à quel point le nationalisme antidémocratique reste présent à l'Est. C'est vrai de la Russie comme de certains petits États de l'autre Europe. La Hongrie du Premier ministre Victok Orban, allié à un parti néonazi par ailleurs fasciné par l'islam, « dernier bastion contre les ténèbres du libéralisme », est à cet égard emblématique. Non seulement ses milices traquent les Roms avec la bénédiction du gouvernement, mais ses membres n'oublient jamais de réclamer, à chaque nouvelle flambée de violence au Proche-Orient, que l'on dresse la liste des Hongrois d'origine juive servant dans la fonction publique[13]. Seul le député européen Daniel Cohn-Bendit a osé haranguer le Premier ministre en 2011, après sa réécriture de la Constitution hongroise dans un sens qui contrevient à toutes les valeurs fondatrices de l'Europe : « Vous êtes complètement fou, Monsieur Orban ! », lui lança-t-il au Parlement. L'Europe est-elle consciente qu'elle risque son arrêt de mort, y compris sur le plan spirituel, à tolérer pareilles dérives en son sein ?

Esquisse d'une pensée paria

Quelle troisième vision proposer quand on se sent aussi mal à l'aise chez les enfouisseurs que chez les

13. Pour une analyse des logiques qui sous-tendent la tentation populiste dans les pays d'Europe centrale et orientale, voir Alexandra Laignel-Lavastine, « De la menace nationale-populiste en Europe du Centre-Est : vers un syndrome de Weimar ? », Les Croisés de la société fermée : l'Europe des extrêmes droites, VIe Congrès de l'Association française de science politique (AFSP), Rennes, 28 septembre-1er octobre 1999.

apocalyptiques ? Tel est, ces derniers temps, le cas d'un nombre croissant d'intellectuels que l'on pourrait qualifier de parias. Ils sont vilipendés à droite car ils n'en sont pas, et à gauche car ils ne se reconnaissent plus dans les radotages d'une bien-pensance tragiquement coupée du réel. Sur le plan intérieur, il s'agit à leurs yeux de défendre les minorités contre les discriminations qui les frappent, mais aussi de protéger les individus contre les pressions exercées par leur groupe culturel d'origine (port du voile, excision, mariage forcé, etc.). Sur le premier aspect (lutte contre les discriminations), la droite bête identifiera un « antiracisme » abominablement vigilant, penchant du côté des communautés, donc du communautarisme, donc du gauchisme. Sur le second aspect (lutte contre l'oppression communautariste), les tenants de la gauche bête et de la relativité des valeurs croiront avoir affaire à un universalisme exterminateur des différences, suspect de vouloir empêcher les sujets issus de la diversité de s'épanouir pleinement dans leur identité culturelle.

Ces intellectuels non-alignés ont en commun de reconnaître que l'Europe est aujourd'hui à l'épreuve de l'islam tout en refusant avec la même cohérence la théologie multiculturaliste et le dogme raciste. Pour eux, le problème n'est pas de savoir, piège classique, ce que dit le Coran. L'islam est comme toutes les religions, écrit Élisabeth Schemla : « Il est ce que son clergé et ses fidèles en font[14]. » Propos choquant ? La tendance à l'absolutisation du texte signe une faillite de l'intelligence dont le monde musulman n'a pas fini

14. Élisabeth Schemla est l'auteur d'un des livres les plus intelligents et les plus courageux récemment consacrés à l'islam : *Islam, l'épreuve française*, Paris, Plon, 2013, p. 98.

de payer les pots cassés. Le Coran catalyse la paix ou la violence selon l'interprétation qui en est faite. C'est l'homme et non pas Dieu qui est en cause. « D'une certaine manière, les musulmans n'ont que l'islam qu'ils méritent ! », souligne Tareq Oubrou[15]. L'historien israélien de gauche, Élie Barnavi, auteur d'un essai intitulé *Les Religions meurtrières*, est parfaitement en phase avec l'imam quand il se demande pourquoi on choisit si souvent, aujourd'hui, de lire dans les versets coraniques l'incitation à la haine plutôt que l'invitation à la tolérance. « Ce n'est donc pas les versets coraniques qu'il faut interroger, mais l'histoire[16] », conclut-il.

De quelques valeurs non négociables

La *pensée paria* ne s'inquiète pas de la présence de l'islam en Europe au motif que l'immigration musulmane de deuxième ou troisième génération serait en passe d'engendrer une Europe métissée. Elle s'en préoccupe dans la mesure où les revendications portées par l'islam intégriste ne sont tout simplement pas compatibles avec les valeurs pour lesquelles, depuis la Révolution de 1789, des générations entières se sont battues sur les barricades. Or, nous sommes comptables de ces sacrifiés et de ces suppliciés, à qui nous devons ce mélange

15. Tareq Oubrou, *Un imam en colère, op. cit.*, p. 65. On se reportera aussi aux ouvrages indispensables de Mohamed Sifaoui, dont *Pourquoi l'islamisme séduit-il ?*, Paris, Armand Colin, 2010 ; *Combattre le terrorisme islamique*, Paris, Grasset, 2006 ; *Mes frères assassins*, Paris, Cherche-Midi, 2002, et *Al-Qaïda Maghreb islamique. Le groupe terroriste qui menace la France*, Encre d'Orient, 2010.
16. Elie Barnavi, *Les Religions meurtrières*, Paris, « Café Voltaire », Flammarion, 2006, p. 82.

unique de liberté, de culture universaliste, d'humanisme juridique, de bien-être, de prospérité et d'égalité des chances qui caractérisent l'Europe. La sauvegarde de cet héritage nous incombe au regard des générations futures. Faut-il que nous ayons perdu la boussole pour qu'il soit nécessaire de le rappeler ? Sur ce point aussi, certains intellectuels musulmans s'étonnent que leurs homologues européens aient tant de mal à se souvenir que la religion peut être le cœur de réacteur d'une civilisation. C'est dire si le paradigme d'un « virage à droite » pour caractériser cette pensée paria ne semble guère pertinent. Alain-Gérard Slama estimait par exemple, il y a quelques années et sans la moindre malveillance, que la droitisation du monde intellectuel serait évidente, se refusant toutefois à citer les nouveaux intellectuels de droite car ils sont tous persuadés d'être encore de gauche. S'il y a du vrai dans cette analyse, c'est dans la mesure où la droite républicaine modérée semble plutôt mieux armée que la gauche pour aborder, sur un mode pragmatique, la poussée obscurantiste. Pour deux raisons : l'accès à la réalité du problème lui est facilité par l'absence de surmoi tiers-mondiste. D'où une moindre gêne idéologique face à la recrudescence de la haine des Juifs quand elle émane de soi-disant « déshérités ». Ensuite parce que la pensée libérale, qui valorise davantage la responsabilité individuelle, est moins encline à abonder dans le sens de la politique de l'excuse. Inutile de le préciser, j'aurais préféré décrire là une gauche débarrassée de ses archaïsmes.

À quoi la pensée paria se veut-elle finalement fidèle ? Au minimum civilisationnel vital, serait-on tenté de répondre. Au principe selon lequel certaines valeurs universelles – la liberté, la responsabilité, la vérité, la laïcité, la justice – nous obligent absolument et, dans cette mesure, nous *transcendent*. Que sans ces valeurs, aujourd'hui vacillantes, le monde commun s'effondre. Des valeurs accessibles à *tous*, qui ne sont pas facultatives car elles seules fondent une société où l'homme peut accomplir son humanité dans ses possibilités les plus hautes. En ce sens, elles ne viennent pas de nous. Elles s'imposent à nous et nous préexistent, même si nous avons à en personnaliser l'usage. C'est de ces valeurs, dont nous sommes tous les gardiens, que dépend l'avenir de notre civilisation.

Ces parias ne transigent pas sur l'universalisme des Lumières et la lutte contre l'oppression totalitaire, y compris quand cette sujétion est le fait de musulmans fanatisés contre d'autres musulmans. Ni sur la centralité des droits de l'homme, la modernité européenne, qui ne prend plus ses ordres ni du Ciel ni de la Tradition, n'ayant pas trouvé mieux, que l'on sache, pour assurer à chaque personne une valeur intrinsèque et absolue. Et ce, contre le culte hégélien de l'Histoire qui voit dans l'individu une valeur relative ; contre le communautarisme qui le réassigne à son origine et contre une logique ultralibérale trop prompte à réduire au statut de déchets les malheureux qui peinent à suivre. Le combat contre le racisme, enfin, à condition qu'il ne soit pas détourné par une militance antisioniste bien illustrée par l'atroce conférence de Durban en 2001, conçue par l'Onu pour lutter contre le racisme et qui sombrera dans un invraisemblable déchaînement « antisioniste » résumé par le singulier slogan : « One Jew, one bullet ! » Il faudra à la fois combattre les égarés qui n'ont de cesse de déplacer l'accusation de racisme vers les Juifs, et les exaspérés qui finissent par voir dans la lutte contre le racisme en général une pure et simple corruption vigilantielle de la pensée. Vers quels rivages ces régressions multiformes vont-elles nous emmener ?

CHAPITRE 2

L'âme désarmée de l'Europe ?

Imaginons un visiteur parachuté, depuis le milieu du xxe siècle, dans l'Europe de 2014. Avant de se rendre à Paris pour assister, en janvier, à ce mémorable Jour de colère où, pour la première fois en France depuis 1940, quelque 20000 personnes se sont senties autorisées à hurler « Juifs, dehors ! » – la suite meurtrière au mois de janvier suivant –, il aurait entamé son périple par un rapide tour d'Europe. Qu'aurait-il perçu en toile de fond ? D'abord, un immense désarroi. On lui avait dit qu'après le miracle d'une Réunification venue clore un demi-siècle de dictatures communistes à l'Est – l'Ouest condescendant préférait parler d'« élargissement » –, les Européens, dont près de la moitié se plaignaient ces derniers temps d'être abandonnés par leurs élites, commençaient sérieusement à perdre le Nord. Beaucoup semblaient certes déçus que « la maison Europe » ne les protège pas mieux contre les assauts du terrorisme islamiste et de l'hyper-capitalisme mondialisé. Des politiques se demandaient même si nous n'avions pas, dans notre hâte, oublié les portes.

Depuis quelques décennies, des esprits clairvoyants clamaient pourtant sur tous les tons que seule une

Europe unie et fière de ses valeurs pourrait opposer un front crédible au fanatisme islamiste comme au populisme « patrimonial », ainsi qu'on appelait désormais l'extrême droite relookée du XXIe siècle. Or, aussi incroyable que cela paraisse, ces deux idéologies avaient réussi à rallier un certain nombre de complices parmi les clercs européens. Islamistes et populistes tombaient d'accord sur un point : leur commune détestation de l'Europe. Dans leur délire totalitaire, les uns rêvaient de la voir englobée au sein d'un Grand Califat, les autres de la faire disparaître au profit des bons vieux États nations du monde d'hier, sans comprendre que leurs leviers, dans la mondialisation, ne levaient plus grand-chose. L'Europe serait-elle à ce point hébétée qu'elle aurait décidé de réinvestir tout son génie, non seulement dans cette trouble passion à ne pas exister, à se doter d'une présidence grotesque et à ne surtout pas compter sur la scène internationale – ni Europe de la Défense ni politique étrangère commune –, mais encore à renier ses principes universalistes et laïcs les plus fondamentaux ? Abasourdi, notre visiteur n'en finissait pas de s'interroger : fallait-il y voir l'indice des « penchants criminels[17] » schizophrènes ou plutôt des penchants suicidaires d'un Vieux Continent qui n'aura jamais mieux porté son nom ?

Il savait qu'à plusieurs reprises déjà au cours de ces dernières années – crise des dettes publiques, tragédie grecque, menaces sur l'euro –, l'Union européenne,

17. Dans son essai, intitulé *Les Penchants criminels de l'Europe démocratique* (Lagrasse, Verdier, 2003), Jean-Claude Milner développe l'idée selon laquelle l'Europe, qui se fait l'avocate de la paix en tous lieux, n'en continue pas moins de se défier des Juifs, où qu'ils se trouvent.

autrement dit la seule chose que les Européens ont su faire de valable au XXe siècle, s'était retrouvée au bord du précipice. Certains avaient alors espéré que ses habitants en viendraient à réaliser que ce « trésor sans prix », pour reprendre la formule du philosophe tchèque Karel Kosík[18], un trésor né de deux expériences cruciales – celle de la Résistance (au nazisme) et de la dissidence (au communisme) –, pourrait finir par se désagréger. Entre-temps, la Russie s'était remise à gronder en veillant *manu militari* sur ses marges occidentales, et en avalant la Crimée au passage, le climat rappelant un peu, selon les observateurs, celui qui régnait à la veille de la Première Guerre mondiale. Un sursaut ? La vague prise de conscience que sortir de l'Europe comme de l'euro nous entraînerait vers un suicide collectif ? « Il faut parfois descendre au fond du puits pour apercevoir les étoiles », observait un autre Tchèque, l'ancien président Václav Havel, un de ces grands esprits qui savait de quoi il parlait pour avoir fait de longs séjours dans les geôles communistes.

Une Europe au fond du puits

Au fond du puits, nous y sommes. Mais d'étoiles point. Même celles qui ornaient le drapeau de l'Union rappelaient ce que l'on voit sur les caricatures pour indiquer qu'un personnage est sonné. La récente montée en puissance du thème des « valeurs » dans

18. Karel Kosík, *La Crise des temps modernes. Dialectique de la morale*, présentation de Michael Löwy et Horacio Tarcus, Paris, Les Éditions de la Passion, 2003, p. 113.

le discours public lui paraissait d'ailleurs hautement révélatrice d'une Europe en perdition. La mondialisation ou la modernité contre elle-même – ou plutôt contre le meilleur d'elle-même ? Le visiteur en était resté à l'idée que la culture européenne possédait deux visages, un visage humaniste et un visage technoscientifique. Mais il avait manqué quelques épisodes et ce deuxième versant avait, depuis, pris le dessus. La démocratie, cette sublime invention héritée du miracle grec, survivrait-elle à ce divorce ? L'innovation perpétuelle était compatible avec un univers où tout passe, tout lasse et tout casse. Mais la démocratie n'étant ni un supermarché ni une auberge espagnole, elle impliquait une transcendance. Il fallait, pour former un « nous », que ses membres se réfèrent à un ensemble de principes stables. Il fallait, en d'autres termes, qu'elle reste un peu adossée à une sorte de culture de la tradition, l'Europe ayant en outre la chance d'inclure dans sa tradition une culture de l'antitradition (Lumières). Cet équilibre de plus en plus précaire semblait toutefois en passe de se rompre, mais cette fêlure n'était pas si facile à discerner en raison du *devenir-monde* de l'Europe, justement, de l'extension récente de son modèle à la quasi-totalité du globe. Des historiens craignaient même que ce gonflement ne précipite son « déclin », une situation qu'ils comparaient à l'apogée puis à la décadence de l'Empire romain[19].

Coïncidence inouïe du triomphe et du naufrage ? Les Européens venaient de comprendre qu'ils avaient perdu leur suprématie, qu'ils n'étaient plus ni les

19. Par exemple l'historien David Engels dans *Le Déclin. La crise de l'Union européenne et la chute de la République romaine*, Paris, Éditions du Toucan, 2013.

premiers ni les meilleurs, que l'Histoire se jouait ailleurs et que le temps était révolu où ils en formulaient les règles. Ils se réveillaient détrônés, dégradés et dans l'impossibilité de s'en remettre à un quelconque « dehors », les modèles alternatifs ayant tous échoué au XXe siècle. Et si l'Europe se mourait de l'avoir emporté ? Il apparaissait au visiteur que la victoire de la culture européenne au sens large (versant scientifique) pourrait se confondre avec son avilissement (versant philosophique et moral). À y regarder de près, cette confluence reposait en effet sur une confusion. Partout, l'économie de marché, la consommation de masse et les nouvelles technologies étaient plébiscitées, y compris au sein d'une jeunesse européenne de plus en plus inculte. Leurs parents, chez qui l'hédonisme primait sur l'ascétisme d'autrefois, avaient un peu négligé de leur transmettre que la liberté s'acquiert au gré d'un douloureux apprentissage et que l'intériorisation de valeurs universelles n'a rien de naturel. Ils avaient distraitement omis de garder à l'esprit que l'humanisme est un mot creux sans la patiente conquête de l'autonomie individuelle et sans une pratique quotidienne du vivre-ensemble, seule capable de faire advenir une nouvelle manière d'être de l'humanité.

À l'évidence, cette *chute* tourmentait en profondeur les Européens sans qu'ils puissent s'en faire une représentation claire. Chacun sentait néanmoins que la logique émancipatrice de la modernité, poussée à son comble, pourrait finir par se transformer en logique destructrice. Voilà qui était assez vertigineux. Ce gigantesque retournement était même si affolant, il était d'une magnitude si considérable que les habitants du Vieux Monde peinaient encore, à la façon des *Somnambules* d'Herman Broch, ce grand roman initiatique des années 1920, à en prendre la mesure. Tout cela rappelait à notre visiteur les célèbres conférences de Husserl sur la crise de l'humanité européenne, prononcées à Vienne et à Prague en 1935. Alors que le philosophe était déjà interdit de parole par les nazis, il nous avait prévenus en ces termes : la crise de l'Europe n'a que deux issues. Ou bien l'Europe « sombrera dans la haine de l'esprit et dans la barbarie », ou bien elle « renaîtra de l'esprit de la philosophie ». Voilà un avertissement, se disait le visiteur, que les contemporains seraient bien inspirés d'entendre huit décennies plus tard – huit décennies pour rien ? Husserl ajoutait ceci : « Le plus grand péril qui menace l'Europe, c'est la lassitude[20]. » Alors que la catastrophe flottait déjà dans l'air, quel intellectuel européen lucide des années 1930, à l'instar de Husserl lui-même, aurait-il cependant pu imaginer qu'un jour viendrait où le dernier chic parisien inciterait à préférer, en forçant un peu le trait, l'esprit du djihad à l'esprit critique, à l'instar d'un Jean Baudrillard ou d'un Jacques Derrida au lendemain du 11-Septembre, et de beaucoup d'autres depuis ?

Obscure passion autodestructrice ?

Husserl voyait juste : cette folie participait d'une impardonnable nonchalance. Et les Européens, surtout ceux de l'Ouest, ne pouvaient s'en prendre qu'à eux-mêmes. L'Europe lui semblait résolue à aller

20. Edmund Husserl, *La Crise de l'humanité européenne et la Philosophie*, édition bilingue, Paris, Aubier, 1987 [1977], traduit de l'allemand par Paul Ricœur, p. 105.

droit dans le mur avec cette folle et implacable détermination qui caractérise souvent les crises de magnitude majeure. Pour familière soit-elle, l'image du mur n'était pas dénuée de pertinence historique. La chute du mur de Berlin n'avait-elle pas marqué la fin d'un modèle repoussoir à l'abri duquel l'Ouest avait cru pouvoir s'offrir le luxe de ne pas s'interroger plus avant sur le sens, l'horizon et les fondements éthiques de la démocratie européenne ? La suite était encore plus triste. Plutôt que de se ressaisir, les habitants de l'Ouest, se retrouvant face à eux-mêmes après 1989, avaient manqué de s'interroger sur ce qu'*être Européen veut dire*. Cette réflexion n'avait jamais été aussi impérieuse. Elle n'aura jamais été aussi absente[21]. Ils unionnaient et euronaient à n'en plus finir, et poursuivaient sur leur pente mélancolique tout en « accueillant » leurs voisins de l'Est, parfois beaucoup plus Européens qu'eux, comme on offre l'hospitalité à des parents pauvres à peine sortis de prison. L'« Occident kidnappé ou la tragédie de l'Europe centrale », que décrivait si bien Milan Kundera en 1983, leur était passé au-dessus de la tête[22].

Mais il entrait aussi dans cette paresse une obscure passion autodestructrice. Pourquoi l'Europe semblait-elle mue par l'irrépressible besoin de regarder ailleurs chaque fois que le devoir l'appelait ? À défaut de s'en acquitter, elle s'était un

---

21. Sur ce point, je me permets de renvoyer à mon essai *Esprits d'Europe. Autour de Czeslaw Milosz, Jan Patočka, István Bibó*, Paris, Calmann-Lévy, 2005 [Folio, 2010], et à mon article : « L'Autre Europe et nous, des années 1980 aux années 2000 », *Le Débat*, n° 107, novembre-décembre 1999, p. 118-136.
22. Milan Kundera, « Un Occident kidnappé, ou la tragédie de l'Europe centrale », *Le Débat*, n° 27, novembre 1983.

peu quittée. Le visiteur gardait en mémoire le « nettoyage ethnique » perpétré par les Serbes en Croatie, en Bosnie et au Kosovo, des tueries de masse, les pires commises sur le sol européen depuis 1945, auxquelles Bruxelles n'avait su répondre que par d'interminables tergiversations jusqu'à ce que l'Otan prenne les choses en main. On se souvient aussi des massacres de l'armée de Vladimir Poutine sur les civils tchétchènes. Bruxelles avait fait comme si la pratique des « fagots humains » consistant à attacher ensemble femmes et enfants avec du fil de fer barbelé pour les pulvériser à la grenade, n'était qu'un détail qu'on pourrait noyer dans un échange de sourires diplomatiques. De fait, quarante-cinq chefs d'État s'étaient retrouvés à Saint-Pétersbourg en mai 2003 pour fêter le 300e anniversaire de la cité de Pierre le Grand. Ils avaient jugé plus confortable d'agir comme si l'avenir démocratique de la Russie n'était pas déterminant pour l'Europe. Par quoi ils n'avaient pas seulement fauté par absence d'idéalisme, mais par défaut de réalisme. Ils ne saisissaient pas qu'ils contribuaient par leur silence à reconstruire une puissance « qu'ils contrôleront moins qu'elle ne les fera chanter[23] ». Cette prévision allait se réaliser pleinement en 2014 avec la guerre en Ukraine. Trop tard.

Par son laisser-faire, l'Europe avait laissé là une part de son âme. Ses dirigeants avaient échoué à répondre présent quand les circonstances les sommaient de prouver que l'Europe a un sens. Et pas n'importe lequel. « Jamais plus » : au lendemain de la Seconde Guerre mondiale, ce mot d'ordre avait tout de même

23. André Glucksmann, *Ouest contre Ouest*, *op. cit.*, p. 159.

présidé à la naissance du projet européen. « Notre histoire [Munich, l'Occupation nazie et près d'un demi-siècle de dictature communiste] nous a appris à nos dépens le prix de l'indifférence, laquelle débouche toujours sur la trahison », écrivait encore Václav Havel en 1995 à propos de l'impuissance des Occidentaux face au drame yougoslave. Il ajoutait : « Ce qui s'y passe est une *épreuve* pour toute l'Europe, un test qui mesure le sérieux de son engagement envers les principes mêmes qu'elle professe[24]. » D'autres clercs avertis d'Europe de l'Est, passés par la double expérience du nazisme et du communisme, avaient eux aussi très vite compris ce qui était en jeu. Chez Czeslaw Milosz, la passivité de l'Europe face à l'horreur de l'épuration ethnique dans les Balkans figure dès la lettre « B » de son *Abécédaire* à l'entrée « Bêtise de l'Occident ». À l'instar de l'écrivain hongrois Imre Kertész, autre prix Nobel de littérature, le poète polonais ne décolérait pas : « Le poème de protestation que j'écrivis alors que l'Europe observait les bras croisés les massacres de Bosnie et les tirs quotidiens à Sarajevo m'attira des lettres outrées de Français m'accusant d'en appeler à la guerre », fulminait-il en 2004[25]. Même sensibilité, à l'Est, du côté de Marek Edelman, un des chefs historiques de l'insurrection du ghetto de Varsovie (1943) : l'Europe, relevait-il au début des années 1990, « se comporte comme ce promeneur du dimanche qui faisait du manège près du mur d'enceinte du ghetto alors que, de

---

24. Václav Havel, « De la Bosnie-Herzégovine », discours prononcé à Prague le 13 octobre 1995, publié dans le recueil *Il est permis d'espérer*, Paris, Calmann-Lévy, « Petite bibliothèque des idées », traduit du tchèque par Barbara Faure, 1997, p. 88.
25. Czeslaw Milosz, *Abécédaire*, Paris, Fayard, 2004, traduit du polonais par Laurence Dyèvre, p. 64.

l'autre côté, des gens mouraient dans les flammes[26] ». Quand au journaliste kosovar Veton Surroi, il avait accueilli comme une libération les frappes aériennes sur le Kosovo en 1999, à l'instar de nombreux autres intellectuels de la région, Serbes démocrates compris, au motif qu'il faut parfois une puissance militaire pour venir à bout des tyrans, en l'occurrence Slobodan Miloševič.

En aucune de ces occasions, l'Europe, absente à elle-même, n'avait su se montrer à la hauteur de la communauté de destin et de valeurs qu'elle était censée incarner. Allait-elle se reprendre face à la guerre que lui avait déclaré l'islamisme, à l'intérieur comme à l'extérieur de ses frontières ? La question se posait, car depuis les crimes d'un certain Merah en mars 2012 – le premier jeune Français à perpétrer des assassinats djihadistes dans l'Hexagone –, un verrou avait sauté. L'émotion fut toutefois passagère et ceux qui avaient estimé urgent de donner l'alerte n'en étaient pas moins accusés… d'« attiser le brasier identitaire », ainsi qu'il l'avait lu dans *Le Monde* à propos d'un philosophe qui, un an après ce massacre d'enfants juifs à Toulouse, évoquait, en marchant sur des œufs, une éventuelle « crise de l'intégration ». Allez comprendre… À l'époque, il était considéré comme très malséant de s'attacher à cerner les contours d'une identité malheureuse ou de chercher à savoir dans quelle mesure les Européens formaient encore un « nous ». On disait qu'il était mal de vouloir formuler ce qui sautait aux yeux.

---

26. Marek Edelman, postface de 1993 à ses *Mémoires du ghetto de Varsovie*, Paris, réédition Liana Levi, « Piccolo », traduit du polonais par Pierre Li et Maryna Ochab, 2002 [1983], p. 116.

Drôles de traîtres à l'Est

Supposons que notre visiteur ait fait un détour par l'autre Europe, par exemple par Varsovie, où on lui avait dit que les intellectuels étaient moins déraisonnables qu'à Paris. De fait, ils l'assaillirent de questions sur les extravagances qui l'avaient également frappé à Paris. On lui demandait par quelle inexplicable bizarrerie certaines têtes bien faites semblaient trouver quelque charme aux prétendues croisades « anti-impérialistes » menées par des fanatiques se réclamant de l'islam ou encore à la pratique consistant à asservir les femmes, autrement dit la moitié de l'humanité. Au nom de l'Autre et de la tolérance, bien entendu. Il se disait, à l'instar de ses interlocuteurs polonais, que cette gauche-là n'avait jamais été et ne serait jamais la sienne. Mais après tout, cette énigmatique indulgence se déployait déjà depuis belle lurette et englobait dans ses largesses bon nombre de dictatures du monde arabe, y compris des bastions islamistes, tel le Hamas à Gaza.

En 2003, les raisons pour lesquelles les Européens s'étaient si passionnément soulevés contre la guerre en Irak en donnaient un avant-goût. C'est à ce moment-là que deux visions du monde façon XXIe siècle ont commencé à s'affronter. Pour les uns, il convenait de ne pas surestimer l'importance des attentats de New York. À leurs yeux, George W. Bush père, certes très antipathique, était un Grand Satan et la première source des maux qui mettaient la planète à feu et à sang (juste après ou à égalité avec le minuscule État d'Israël). Une position que partageaient les pacifistes, les islamistes et le ministre français des Affaires étrangères de l'époque. Pour les autres,

Saddam Hussein faisait figure de créature autrement plus féroce et crier « Vive la paix ! » quand il s'agit de la paix des cimetières, des fosses communes où s'entassaient les cadavres des opposants et des Kurdes gazés par milliers, n'allait pas de soi. Pas plus que de déclarer la paix au sanglant dictateur de Bagdad et la guerre au Pentagone comme l'affirmait alors Salman Rushdie : « Jamais je ne descendrai dans la rue pour sauver Saddam Hussein. » Sur l'échelle de leur préférence, les Français étaient pourtant trois fois plus nombreux à choisir Saddam (33 % d'opinions favorables) contre Bush (11 %). Deux visions concurrentes de l'avenir de l'Europe cristallisaient, déjà esquissées lors de la première guerre du Golfe en 1990 quand on a vu les musulmans s'identifier massivement au bourreau de son peuple. Mais peu importait : du moment que Saddam s'opposait à l'Occident, on était prêt – y compris au sein de l'Europe réfléchissante et colloquante – à gommer la nature de son régime et la tragédie de son peuple.

Cet antagonisme avait donc son histoire. Et comme notre visiteur se trouvait en Pologne, on lui rappela le malentendu précisément survenu à propos de l'Irak en 2003. Plusieurs anciens dissidents d'Europe de l'Est s'étaient vus traînés dans la boue par un éditorialiste du *Tageszeitung* pour avoir soutenu Washington. Les trois cibles n'étaient autres que l'intellectuel polonais et ancien leader de Solidarité Adam Michnik et, avec lui, deux anciens chefs de file de l'opposition démocratique en Europe centrale, le Tchèque Václav Havel et le Hongrois György Konrád. Que leur reprochait-on ? Le journal berlinois décrétait qu'après être apparus des années durant comme des autorités morales pour l'Europe, les trois dissidents étaient devenus, à l'occasion de l'intervention en Irak, rien moins que des « traîtres ». À l'époque, le président français Jacques Chirac s'était lui aussi illustré en vitupérant les jeunes démocraties est-européennes, plutôt favorables aux États-Unis (elles avaient retenu la leçon bosniaque), mais qui, selon lui, avaient perdu « une bonne occasion de se taire ». Pour notre visiteur, la question n'était pas tant de savoir si les dissidents avaient eu rétrospectivement raison d'hésiter sur la conduite à tenir face à Bagdad, mais d'entendre leurs arguments.

Adam Michnik avait dû répondre au quotidien allemand pour expliquer que s'ils avaient estimé « juste » la guerre entreprise contre Saddam Hussein, au même titre que la guerre de la Pologne contre Hitler ou celle de la Finlande contre Staline, ce n'est pas que l'administration Bush leur plaisait. Nous avons soutenu l'intervention, répliquait Michnik dans *Libération*, car « nous estimons que ce qui mène à la suppression des règles humanitaires dans les relations internationales, c'est plutôt le fait de tolérer des dictatures et de passer lâchement sous silence les crimes des régimes totalitaires en Irak et en Corée du Nord, en Libye ou à Cuba ». En outre, soutenait-il, il se trouve que ni lui ni Havel ni Konrád n'avaient oublié l'expérience totalitaire. D'où les leçons tirées du 11-Septembre : « Comme l'assassinat de Matteotti avait dévoilé la nature même du fascisme italien, comme les grands Procès de Moscou avaient montré au monde ce qu'était le régime stalinien, comme la Nuit de Cristal avait dévoilé la vérité sur le nazisme hitlérien, j'ai compris, en regardant s'écrouler les deux tours du World Trade Center, que le monde faisait face à un nouveau défi totalitaire. » Et de conclure : « La violence, le fanatisme et le mensonge ont une fois de plus lancé un défi aux valeurs démocratiques[27]. » Une évidence ? Il faudra plus d'une décennie à de nombreux autres Européens pour s'en apercevoir. Et encore…

Trouble fascination à l'Ouest, des mollahs à Manhattan

Le visiteur se souvenait de l'émerveillement de Michel Foucault devant la Révolution iranienne des mollahs en 1979. Aux yeux du penseur, ces religieux avaient eu le mérite de s'insurger contre l'Amérique honnie et, pour une fois, de ne pas se réclamer des « droits de l'homme », toujours prétextes à l'oppression des autres. Ceux qui, du point de vue de l'histoire des idées, pensaient devoir inscrire l'égarement passager de Michel Foucault dans la queue de la comète du gauchisme des années 1970 en avaient été pour leurs frais deux décennies plus tard. À cet égard, *L'Esprit du terrorisme* de Jean Baudrillard, un texte écrit au lendemain du 11-Septembre, allait sans doute rester dans les annales comme un des écrits inauguraux de cette nouvelle vague.

À la surprise générale, une « extrême gauche plurielle[28] » avait repris du poil de la bête au fil des années 1990, autrement dit après l'effondrement du Bloc soviétique. Ces nouvelles radicalités se révèleront d'autant plus conquérantes qu'elles se prétendront libérées du désastreux héritage du « socialisme réel ».

27. Adam Michnik, « Nous, les traîtres de l'Europe », *Libération* du 8 avril 2003.
28. Philippe Raynaud, *L'Extrême gauche plurielle. Entre démocratie radicale et révolution*, Paris, « Cevipof », Autrement, 2006.

À Paris, les grandes grèves de l'hiver 1995 avaient marqué une première étape dans cette évolution – pôle « gauche de la gauche » autour de Pierre Bourdieu *versus* pôle réformiste. Elle sera suivie par l'improbable éclosion, à la fin de la décennie, des mouvements altermondialistes. Les huit attentats à la bombe de 1995 en France, revendiqués par le GIA algérien (huit morts, deux cents blessés), ayant été vécus comme un accident, interviendra, avec le 11-Septembre, la fin d'une autre grève : celle des grands événements. Il y avait eu la mort de Lady Di et, comme à l'été 2014, le Mondial de football en 1998 – à se demander quels effets délétères cette grand-messe orgiaque exerce sur les esprits… Mais voilà qu'avec les attentats de New York en 2001, nous avions du sérieux : « Un événement symbolique d'envergure mondiale qui met en échec la mondialisation elle-même », exultait l'auteur de *L'Esprit du terrorisme*. Un acte « immoral » ? Oui, mais uniquement d'après « le contresens total de la philosophie occidentale, celle des Lumières, quant au rapport du Bien et du Mal »… Le propos était censé nous rassurer, ces attaques répondant plus précisément, aux yeux de Baudrillard, à « une mondialisation elle-même immorale[29] ». Le sociologue avait-il alors conscience de se livrer à une surprenante apologie de la violence islamiste qui, ce jour-là, frappa d'horreur l'ensemble du monde civilisé ? Il semblait plutôt s'en réjouir. « À la limite, c'est eux qui l'ont fait, mais c'est nous qui l'avons voulu à force d'en rêver », avouait-il. Selon lui, l'union sacrée contre le terrorisme se révélait « à la mesure de la *jubilation prodigieuse* de voir

29. Jean Baudrillard, *L'Esprit du terrorisme*, Paris, Galilée, 2002, p. 9 et p. 20.

détruire cette superpuissance mondiale, mieux, de la voir en quelque sorte se détruire elle-même, se suicider en beauté[30] », insistait-il. Ceux qui jubilaient moins entamaient le refrain du monde-musulman-humilié. Jacques Derrida, au sommet de sa gloire, allait quant à lui expliquer que nous sommes tous des terroristes potentiels et que ce « concept du 11-Septembre », l'Amérique l'aura un peu cherché[31]. Les journalistes de *Charlie Hebdo* aussi ?

Notre visiteur avait décidément le sentiment que le clivage séculaire opposant la droite et la gauche n'était plus du tout opératoire. Longtemps, le cap des Lumières avait plutôt été porté par la pensée de gauche *via* l'affaire Dreyfus et, pour aller vite, le primat des valeurs universelles avec Émile Zola ou Bernard Lazare *versus* le nationalisme organique d'un Maurice Barrès ou « intégral » d'un Charles Maurras. Or, entre le XXe et le XXIe siècle, le Parti de l'innocence et de l'arrachement à soi se retrouvait pour ainsi dire cul par-dessus tête. Hier, ses porte-drapeaux dreyfusards et anticléricaux entendaient placer la vérité, la justice, l'humanité et la laïcité au-dessus de toute autre valeur, et ainsi défendre l'innocence d'un capitaine juif, notamment contre les catholiques, puissants à l'époque. Pour limiter la capacité de nuisance des bigots, les dirigeants politiques avaient décidé de voter la loi de 1905 sur la séparation de l'Église et de l'État. Les curés, furieux, avaient fini par s'y plier. Mais voilà que d'un début de siècle à l'autre, le parti de l'Autre et de l'empathie, hier dreyfusard,

30. *Ibid.*, p. 10-11.
31. Giovanna Borradori, *Le « Concept » du 11-Septembre. Dialogues à New York*, Paris, Galilée, 2004, p. 163.

s'était mué en compagnon de route de l'obscurantisme – islamiste cette fois. Au point que ses apôtres bien-pensants, guidés par l'axiome absurde selon lequel « le faible a toujours raison », ne semblaient rien envisager de plus pressant que de défendre la religion dévoyée de ceux qu'ils percevaient comme des damnés de la terre. Et dans leur embarras face aux néfastes évolutions en cours de ce côté-là, de ne surtout rien voir de ce qu'ils voyaient.

La Révolution des poussettes

En ce début du troisième millénaire, les deux camps adverses lui semblaient finalement guerroyer autour de deux grandes conceptions de la liberté. L'idée lui était venue en observant, dans la rue, le retournement des enfants dans leurs poussettes. Dans la foulée, on lui avait conseillé l'excellent livre de l'essayiste Olivier Rey, *Une folle solitude*, qui partait du même constat. Il se trouve que jusqu'à la fin des années 1960, les bambins avaient toujours fait face à l'adulte qui les promenait. Entre-temps, une révolution s'était opérée : voilà que les enfants, invités à se construire par eux-mêmes et à appréhender le monde à leur gré, étaient désormais orientés vers l'avant, tournant du coup le dos à leurs parents. Qu'est-ce que cela signifiait ? Qu'il s'agisse du naufrage de l'école, de la souveraineté des « moi je » indifférents aux autres ou de l'emprise des communautés, cette image le confortait dans l'idée que presque tous les combats intellectuels contemporains, en Europe, se ramenaient au fond à une guerre des libertés.

Pour les uns, l'individu est tout fait : il est donc à libérer des chaînes qui entravent sa pleine expression. S'émanciper, dans cette optique, ce sera d'abord s'affranchir du passé et du donné, en finir avec le fini en même temps qu'avec la tutelle abusive des générations antérieures. C'est ce qu'Olivier Rey, avec son histoire de poussettes, appelait le fantasme de l'homme auto-construit[32]. L'autre conception part du principe selon lequel l'individu est à cultiver, à élever, à éduquer. Dans cette perspective, nous ne naissons pas libres, mais destinés à la liberté. Ainsi comprise, l'accession à l'autonomie requiert un détour, chacun devant en passer par une phase où il reçoit de ceux qui précèdent le capital de connaissances ou de sagesse accumulé au fil des siècles. Il ne s'agit pas d'attenter à la liberté, mais de la permettre en veillant à ses conditions d'exercice. Notre visiteur se disait qu'il y allait, dans ce changement d'orientation, de l'avenir même du projet humaniste. Cela revenait à rappeler, dans le sillage d'Hannah Arendt, que nous nous insérons toujours dans un « monde commun » plus vieux que nous et plus vaste que notre environnement immédiat. Il y a du donné, et ce donné nous précède et nous excède. Cette inscription critique ne soumet pas l'individu au poids de la tradition : elle seule lui permet de résister à la frénésie consumériste comme à l'emprise aliénante du biologique ou du communautaire. L'usage de la raison ou de la parole ne vient pas aux humains comme l'art de faire son nid aux oiseaux. Il s'acquiert au sein d'une société supposée garantir que ces facultés se perpétuent d'une génération à l'autre.

---

32. Olivier Rey, *Une folle solitude. Le fantasme de l'homme auto-construit*, Paris, Le Seuil, 2006.

Notre tâche, autrement dit, consiste aussi à protéger le monde contre le déferlement des nouveaux venus qui, dans leur inexpérience et leur hâte à s'en emparer, risquent de tout dévaster. Cette conception obligeait du même coup à regarder en face cet immense paradoxe de notre temps qui veut que l'appel à liquider le passé se fasse pour le plus grand profit de la fluidité générale requise par l'hypercapitalisme. L'inquiétant lui semblait justement venir de ce que cette seconde vision – l'autonomie entendue comme une conquête progressive – était en train de perdre la partie. On en arrivait toujours au même point : loin de civiliser l'enfant en chacun, la Raison lui avait élevé un trône.

L'héritage spirituel européen

Le visiteur se disait que les intellectuels d'Europe centrale étaient décidément moins fous que leurs homologues de l'Ouest. Peut-être parce que ces guides plus ébranlés que nous par la fureur du XXe siècle ne connaissent pas non plus la culpabilité postcoloniale et, avec elle, la délégitimation de l'universalisme. Sur l'histoire longue, eux-mêmes appartenaient à une aire exposée aux appétits des empires russe, ottoman, prussien et autrichien. Raison pourquoi c'est à un philosophe tchèque, Jan Patočka, un des phares de la dissidence est-européenne, qu'il revenait, depuis sa clandestinité pragoise, d'avoir identifié, dès 1973, le grand enjeu de notre époque. Il le formulait ainsi : « Y a-t-il dans ce qu'on pourrait appeler l'héritage européen quelque chose qui serait susceptible de trouver créance parmi nous, susceptible d'agir pour nous aussi, d'agir sur nous de manière à nous faire concevoir de nouvelles espérances, de nous permettre de ne pas désespérer de l'avenir, sans que pour autant nous nous abandonnions à des rêves illusoires ni sous-estimions la dureté et la gravité de la situation qui est la nôtre[33] ? » Jan Patočka, assassiné trois ans plus tard par la police politique et en qui l'on peut voir un héros de notre temps, avait fait de cette interrogation le programme de sa vie et de son œuvre. Son message n'avait jamais été aussi actuel.

Preuve supplémentaire ? Même les technocrates de l'Union européenne s'étaient mis à faire du Husserl et du Patočka sans le savoir, ce qui n'est pas peu dire… Lors des Journées de Bruxelles de 2014, certains allaient jusqu'à parler d'une « tragédie de l'Union européenne » qui, à les suivre, n'avait plus, à ce stade, que deux destinées possibles : la « désintégration » ou la « renaissance ». La crise n'était pas seulement économique, expliquait le président du groupe libéral au Parlement européen : elle est « existentielle ». Pour autant, nul ne s'était ressaisi et tout se passait comme si le Vieux Monde ne se voulait plus sujet de son histoire. Dans les années 2010, on laissait ainsi la voie libre aux fantasmes selon lesquels les Européens vivraient « sous occupation sioniste » ou sous oppression néocoloniale (ultra-gauche), à moins que la charia ne soit sur le point de s'imposer à Bruxelles (à suivre les différentes galaxies identitaires), ce qui était pour le moins exagéré. Une autre variante, brandie cette fois par les droites fascisantes d'Europe

33. Jan Patočka, *Platon et l'Europe*, Lagrasse, Verdier, 1983, traduit du tchèque par Erika Abrams, p. 19-20. Sur la figure socratique de Jan Patočka cf. Alexandra Laignel-Lavastine, *Jan Patočka : L'esprit de la dissidence*, Paris, « Le Bien commun », Éditions Michalon, 1998.

orientale, voulait que l'Europe soit retombée sous l'emprise souterraine du « judéo-bolchevisme ». La gauche française, elle, semblait sous l'enchantement de ses mantras extatiques. On l'avait déjà relevé lors de la campagne pour les élections présidentielles de 2012, avec son cortège de slogans mystiques tels la « démondialisation » ou « Le changement, c'est maintenant… », alors que l'époque souffrait justement de s'être embarquée dans une innovation perpétuelle et destructrice du sens.

Quand l'époque se prend pour une autre

L'époque avait de surcroît l'étrange manie de se prendre pour une autre. La gauche, notamment, se croyait dans les années 1930 et entendait à tout prix rejouer une Europe vent debout contre le fascisme. Dans cette prose, le musulman avait remplacé le Juif dans le rôle de l'ennemi intérieur – un comble alors que la nouvelle judéophobie s'était remise à tuer sur le sol européen et que les agressions contre les Juifs avaient doublé en France depuis 1994. Notre visiteur avait certes entendu parler des manifestations de 2013 contre « le mariage pour tous » et il comprenait que voir communier des nervis nostalgiques du Führer, des notables catholiques plus ou moins intégristes et des dirigeants de la droite républicaine pouvait mettre mal à l'aise. Mais pourquoi ce spectacle inversé, quand des militants et dignitaires de gauche se retrouvaient à défiler au coude à coude avec des hordes d'islamistes haineux, n'arrachait-il pas l'ombre d'une réprobation ? On s'y perdait, d'autant que ceux qui se voulaient dans les années 1930 se croyaient simultanément dans les années 1980, cette période bénie des dieux où tout était simple, où l'on portait le badge « Touche pas à mon pote » et où l'on convergeait dans l'abomination que représentait le Front national. Le visiteur se disait qu'il était bien singulier de se satisfaire du déjà-vu pour penser le jamais-vu, et se contenter de plaquer années 1930 et années 1980 sur les années 2000-2010. Son effarement ne cessait de croître.

Last but not least, un certain nombre d'Européens, non contents de se tromper d'époque, semblaient derechef s'égarer dans une terrible hostilité antisémite. Mais là encore, il était recommandé de ne rien voir, si bien que les esprits éveillés ne devaient pas seulement lutter contre l'antisémitisme, mais contre son déni. « Et si les Juifs étaient eux-mêmes des nazis ? Ce serait merveilleux », écrivait déjà le philosophe Vladimir Jankélévitch en 1971. « Il ne serait plus nécessaire de les plaindre ; ils auraient mérité leur sort. C'est ainsi que nos contemporains se déchargent de leur souci[34]. » Depuis, se disait le visiteur, nous y étions presque. Il lui semblait même que la « merveille » s'était accomplie au-delà des plus pessimistes prophéties. Comme si la haine antijuive portée par l'islam radical, longtemps déniée par les adeptes de la stratégie de l'enfouissement, était en train de rejoindre, en Europe, le désir jamais aussi désinhibé de se débarrasser du fardeau de la Shoah. Comme si, pour beaucoup d'Européens « natifs », le Crime se révélait décidément trop lourd, la responsabilité trop grave, la faute trop écrasante. L'Europe ne parviendrait pas à surmonter Auschwitz ? Problème :

34. Vladimir Jankélévitch, *L'Imprescriptible*, Paris, Points Essais, 1996 [Le Seuil, 1986], p. 19-20.

à vouloir s'en débarrasser, elle allait se débarrasser d'elle-même. Fallait-il y voir l'origine lointaine de ses actuels penchants suicidaires ? L'hypothèse méritait l'examen, d'autant que les Juifs européens se mettaient par milliers à quitter le Vieux Continent, du jamais-vu depuis 1945.

Une Europe déboussolée et sans Juifs face à des islamistes enragés dont elle ne voudra pas savoir grand-chose jusqu'aux tueries de janvier 2015 ? Notre visiteur n'en revenait pas. Pourtant, tous les sondages le confirmaient : l'hostilité à l'égard des Juifs avait beaucoup progressé sur l'Europe au cours de la décennie 2000, parmi les sympathisants de droite, de gauche ou du centre. Depuis la fin du XXe siècle, elle avait même parfois doublé[35]. Des chiffres effrayants, tant l'antisémitisme constitue un baromètre infaillible pour évaluer la « santé morale » d'une société. Il y avait de quoi se demander par quelle aberration la haine d'Israël avait pu devenir, au début du XXIe siècle, la religion séculière d'une importante partie de l'humanité. Soixante-dix ans après Auschwitz, dont on allait en plus commémorer la Libération à la fin janvier 2015, les Européens ne semblaient toujours pas avoir compris qu'une civilisation qui tolère en son sein un haut degré d'antisémitisme sous l'équation « Juifs ou Israéliens = nazis » n'expose pas seulement ses minorités juives, elle s'empoisonne elle-même à haute dose. Au pays des Lumières, la France, il savait que cette phobie était aussi à l'origine de l'assassinat du jeune Ilan Halimi par Youssouf Fofana et son

35. Voir l'enquête conduite par The Pew Global Attitudes Project en 2008. Et, plus largement, Marc Knobel, *Haine et violences antisémites. Une rétrospective : 2000-2013*, Paris, Berg International, 2013.

Gang des barbares (en 2006) et qu'elle avait motivé le massacre perpétré par Mohamed Merah dans la cour de l'école juive de Toulouse, deux tueurs adulés depuis dans certaines banlieues françaises, et bien au-delà[36].

Il lui fallait se rendre à l'évidence : et si les Européens, aveugles et sourds, étaient de plus en plus nombreux à avoir trouvé là une parade pour contourner leurs douloureux dilemmes ? Comme souvent lors des grands tournants de leur histoire, le fantasme antisémite venait à la rescousse. Mais dans ce domaine, notre visiteur n'avait encore rien vu.

---

36. Chose inouïe, on a même enregistré une augmentation des actes antisémites en France au mois de mars 2012, dans la foulée des crimes de Merah, d'une horreur pourtant insoutenable. Une page d'hommage à l'assassin avait été ouverte sur Facebook aussitôt le jeune Franco-Algérien abattu par la police. Fermée au bout de quelques heures, elle n'en avait pas moins reçu 500 visites et messages. Autre exemple : la pétition récente lancée par Youssouf Fofana, le meurtrier d'Ilan Halimi, pour demander la dissolution de la Ligue contre le racisme et l'antisémitisme (LICRA). Elle a reçu des dizaines de milliers de signatures. Les frères Kouachi, eux, bénéficieront de 20000 tweets de félicitations en quelques heures, juste après leur carnage à *Charlie Hebdo*.

CHAPITRE 3

2014, ou l'année de toutes les lâchetés

En matière de déraison des clercs, l'année 2014 a successivement atteint plusieurs sommets historiques. Se pouvait-il, compte tenu de l'engouement manifeste des Européens pour la pensée magique, que la crise de civilisation qui frappait le Vieux Continent trouve à se dissoudre dans les retrouvailles autour d'un ennemi commun – non pas les djihadistes, mais les Juifs ? Notre visiteur peinait à le croire. Un intégriste médiatique du nom de Tariq Ramadan, qu'on adorait inviter à la télévision, n'affirmait-il pas, dans un article écrit au mois d'avril 2006, trois mois après l'assassinat d'Ilan Halimi, et éloquemment intitulé « Les Palestiniens, l'Europe et ce que tout le monde sait », qu'« Israël est le pays qui met le plus en danger la paix du monde » ? Fascinant. Pour éviter la guerre partout sur la planète, il suffirait donc de converger contre le même adversaire absolu : « Israël et ses lobbies agissants ». Fallait-il que la France se trouve dans un état de délabrement avancé, se disait le visiteur, pour que trois individus évoluant aux marges de l'extrême gauche et de l'extrême droite remportent des records de popularité sur la Toile d'où se propage un antisémitisme débridé : ce Ramadan, le dénommé Dieudonné et le « gourou de la fachosphère » Alain Soral[37], dont le site Internet est le plus visité de l'Hexagone.

Du Jour de colère à la séquence Dieudonné

« Juif, casse-toi, la France n'est pas à toi ! » C'est sous ce mot d'ordre que notre visiteur a vécu cet effroyable moment de confusion de tous les ressentiments qui a ouvert cette navrante année. Qui donc se retrouvait autour de cet intéressant slogan ? Des identitaires bruns fanatisés, des catholiques intégristes, des islamistes échauffés au vert soutenu, des jeunes de banlieue décérébrés, de rouges gauchistes exaltés, mais aussi des artisans, des employés, des commerçants ou des petits patrons excédés. Et voilà que cette cohorte bigarrée avait trouvé dans la haine antisémite son élément fédérateur. Une France black-blanc-beur réconciliée contre les Juifs ? La question se posait car selon toutes les enquêtes, 50 % des actes racistes en France visaient déjà des Juifs en 2013 (qui représentent moins de 1 % de la population). Il lui semblait que l'ensemble des pathologies de l'époque se reflétait dans ce rassemblement : peur panique de la mondialisation et du déclassement, fragmentation communautaire, désastre scolaire, abandon de l'humanisme, islamo-fascisme, cécité des élites, impuissance publique... Dans ce contexte, le

37. Pour reprendre l'expression de Frédéric Aziza dans son livre, *Vol au-dessus d'un nid de fachos. Dieudonné, Soral, Ayoub et les autres*, Paris, Fayard, 2014.

spectaculaire succès des visions conspirationnistes possède sa logique : moins le monde paraît intelligible, plus les théories du complot prospèrent. Tel était le cas, y compris chez les enfants de bobos scolarisés. Globalisation, compétition tous azimuts, marchés financiers hors de contrôle, crise économique incompréhensible, recrudescence du terrorisme : il faut bien que quelqu'un tire les ficelles en coulisse. Dans ce rôle, les Juifs « tout-puissants » sont en général assez bien placés. Quand les hommes préfèrent considérer que le ratage de leur histoire ne leur incombe en rien, alors le recours fantasmatique à l'action de forces obscures, malveillantes et étrangères se fait habituellement sentir. En 2014, nous en étions de nouveau là.

Ce Jour de colère survenait de surcroît au moment où un certain M'Bala M'Bala faisait beaucoup parler de lui. Il représentait une calamiteuse exception française qui ne laissait pas d'étonner à l'étranger. Usant de son identité métisse, ce prétendu humoriste parvenait avec succès à poser en porte-parole des victimes d'un néocolonialisme manipulé par les Juifs au service d'Israël. Qui sont les Juifs ? À ses yeux « des chiens » et des « négriers devenus banquiers ». Et qui applaudissait à tout rompre à ses « spectacles » ? Une foule où se pressaient des jeunes, de banlieue ou pas, des profs aigris et des admirateurs de tous horizons, y compris un ex-président du Conseil constitutionnel et ancien ministre des Affaires étrangères, Roland Dumas. Celui-là, on le croisait déjà en 2006 au Théâtre de la Main d'Or aux côtés de Jany Le Pen et du leader Front national Bruno Gollnish. Notre visiteur était une fois de plus pris de vertige. La popularité de Dieudonné venait de lui révéler l'ampleur de ce nouvel antisémitisme-symptôme.

Au-delà du personnage, comment comprendre ce phénomène ? Le visiteur passait en revue les explications plausibles, comme la profonde crise de légitimité qui affectait les institutions, la complaisance des journalistes, la contagieuse capitulation des élites… Surtout, il renvoyait à la question de savoir comment la société française avait pu contribuer à produire – ou à ne pas rendre rigoureusement impossible – pareil enthousiasme pour ce sinistre individu et ses « quenelles » en forme de salut nazi inversé. À l'évidence, son succès traduisait aussi une relégitimisation de l'hostilité antijuive au-delà de l'extrême droite et au-delà du monde arabo-musulman. Le succès de cette bouillie « antisystème » en disait long, en tout cas, sur l'importance d'une France colérique qui ne se reconnaissait plus dans les partis politiques classiques. Une fort mauvaise nouvelle pour la démocratie. C'est une fois de plus Vladimir Jankélévitch qui lui revenait à l'esprit. Le philosophe, jouant sur le ressort de la provocation pour réveiller les consciences, posait, en 1971, la question suivante : « Applaudir aux fours crématoires, serait-ce par hasard une opinion ? » Quarante ans plus tard à Paris, nous étions contraints de répondre par l'affirmative en se couvrant la tête de cendres, se disait-il, une partie du pays se révélant capable de rire aux sketchs antisémites follement farceurs de Dieudonné. Des spectacles qu'il convenait de ne pas interdire au nom de la « liberté d'expression », avaient estimé nombre de commentateurs, car interdire, ce serait faire preuve, selon eux, d'une mentalité frisant le fascisme. La France devait se sentir libre de chanter gaiement « Shoah-nanas » entre deux apparitions du négationniste Robert Faurisson sur la scène car cela, par contre, relevait de la tolérance démocratique. Les excès de l'antifascisme allaient-ils, en prime, tuer l'antifascisme ?

Une seule consolation : les pouvoirs publics avaient tenu bon, même s'il faudra que le ministre de l'Intérieur, Manuel Valls, saisisse le Conseil d'État pour faire annuler la décision du tribunal administratif. En effet, celui-ci avait dans un premier temps suspendu l'arrêté préfectoral d'interdiction du spectacle « Le Mur », prévu pour se tenir à Nantes où, un siècle plus tôt, avait eu lieu le procès en révision du capitaine Dreyfus. Le tribunal avait estimé que « le risque de troubles à l'ordre public » ne justifiait pas cet interdit. La consolation restait donc mitigée puisqu'il s'était avéré nécessaire de faire appel, contre Dieudonné, à la plus haute juridiction de la République. Elle l'était encore pour deux raisons : parce qu'au lendemain de cette affaire, le ministre, loin d'être félicité, verra au contraire chuter sa cote de popularité. Et parce que sa décision, loin de faire l'unanimité au sein de la sphère du discours légitime, comme on aurait pu s'y attendre, sera au contraire très contestée, que ce soit à l'Assemblée nationale, dans la presse ou au sein de la magistrature. Notre visiteur avait vraiment besoin d'air.

Depuis le mont Scopus : prendre du champ

C'est ainsi qu'il est parti assister, en mai 2014, à une conférence internationale justement consacrée à cette nouvelle flambée de judéophobie planétaire dont le début du XXIe siècle est devenu le théâtre. Elle était organisée par l'université hébraïque de Jérusalem, sise sur le mont Scopus, une colline qui surplombe les remparts de la Vieille Ville. Un campus où, de façon assez singulière pour un État souvent qualifié d'apartheid, étudiants juifs et arabes étudient dans la meilleure intelligence. Raison pourquoi ce haut lieu de la culture fut précisément choisi par le Hamas en 2002 pour y fomenter un attentat sanglant, un kamikaze palestinien s'étant fait exploser dans une cafétéria bondée de jeunes gens, faisant neuf morts, dont un Français, et quatre-vingt-six blessés.

L'université, fondée dans les années 1920 sur les encouragements d'Albert Einstein, où des savants de la stature de Gershom Scholem ou Martin Buber ont longtemps enseigné, fait partie de ces lieux habités par l'histoire et, pour cette raison, propices à une prise de distance avec l'immédiateté des événements. Le mont Scopus, de *skopos* en latin, « sentinelle » – de même que dans ses appellations arabe *(Gabal al-Maðâri)* et hébraïque *(Har HaTsofim)* –, tient par ailleurs son nom de ce qu'il a toujours été considéré, depuis l'Antiquité, comme une place stratégique. Ce dimanche 25 mai 2014 à Jérusalem, un mois et demi avant l'incursion terrestre de Tsahal à Gaza, le mont Scopus portait bien son nom. Les veilleurs du jour ? Une cinquantaine de chercheurs venus du monde entier, rassemblés sous la houlette du professeur Robert S. Wistrich autour du thème « Antisémitisme, antijudaïsme et délégitimation d'Israël[38] ». Un des plus ambitieux congrès organisé autour des multiples

38. Cette conférence se tenait sous les hospices du Vidal Sassoon International Center for the Study of Antisemitism (SICSA), fondé en 1982 et dirigé par le Pr Wistrich. Historien mondialement reconnu de l'antisémitisme, celui-ci est l'auteur de nombreux ouvrages, dont *A Lethal Obsession : Anti-Semitism, from Antiquity to Djihad*, Random House, 2010.

facettes d'une passion funeste dont l'expression, quand elle s'affranchit à ce point du bon sens, de l'histoire, de la géographie et de la critique politique, professe un « antisionisme » que plus rien ne distingue de l'antisémitisme. L'occasion aussi de réaliser combien la vigoureuse condamnation de la politique menée par le gouvernement de Benyamin Netanyahou, telle que la pratiquaient des intellectuels de gauche israéliens comme Zeev Sternhell, Amos Oz, David Grossman ou Elie Barnavi, relève d'une tout autre logique. Dans une France où s'étendait à vue d'œil un nouvel islamo-fascisme, nous n'étions plus dans l'antisionisme puisque Israël n'était même plus Israël : Israël n'était plus un petit État du Moyen-Orient à la politique imparfaite et parfois très critiquable. Israël était partout. Israël avait introduit le virus du sida en Afrique (Dieudonné & Co). Israël recouvrait la planète telle une gigantesque pieuvre tentaculaire aux infinies ramifications…

Notre visiteur venait de quitter l'Europe. Elle lui revenait en pleine face. Par un de ces curieux hasards du calendrier, ce congrès s'ouvrait en effet au lendemain de la tuerie de Mehdi Nemmouche au Musée juif de Bruxelles et le jour même du triomphe de Marine Le Pen aux élections européennes, deux épisodes venant encore justifier, s'il en était besoin, l'inquiétude qui habitait la plupart des « sentinelles ».

Entre Le Pen, Nemmouche et l'Unesco

Que venait nous apprendre le score du Front national, arrivé en tête dans 71 départements français ? Qu'avec près de 25 % des voix, non seulement celui-ci consolidait son ancrage dans les catégories populaires et la population active, là où il était déjà puissant, mais qu'il progressait désormais parmi les milieux jusque-là réfractaires, comme les catholiques, les patrons des petites entreprises ou les seniors, atteignant parfois des niveaux spectaculaires dans certains territoires périurbains et ruraux[39]. Partout dans la société, au sein d'une France amère et laissée-pour-compte, le parti de Marine Le Pen avait tissé sa toile, des municipales d'avril aux européennes de mai, une évolution que confirmera à l'automne une troisième percée, aux élections sénatoriales cette fois en attendant les départementales de mars 2015.

Pour que la coupe soit pleine, l'armée israélienne arrêtait à un check point, le vendredi 30 mai, tout juste ce colloque terminé, un terroriste palestinien portant une ceinture d'explosifs à la ceinture, le premier kamikaze à avoir été repéré depuis plusieurs années. Surviendra peu après, sans que la presse européenne ne juge bon d'en faire grand cas, l'enlèvement et l'assassinat barbare de trois adolescents, Gilad, Naftali et Eyal, pris en stop par deux terroristes du Hamas (sur les consignes de leur direction, on l'apprendra plus tard). Une balle dans la tête pour chacun des gosses, sur la banquette arrière. La presse européenne s'était empressée de les qualifier de « colons », ce qu'ils n'étaient pas. Dans la foulée, nous aurons la recrudescence des tirs de missiles de courte, moyenne et longue portée lancés depuis la bande de Gaza, d'où les cinquante jours de guerre de l'été[40].

---

39. Voir notamment Jérôme Fourquet, *Européennes 2014 : Poussée du FN, recul de l'UMP et vote breton*, Étude de la Fondation pour l'innovation politique, octobre 2014.
40. Voir chapitre 4.

Autre coïncidence calendaire : le professeur Robert Wistrich s'apprêtait, à peine la conférence conclue, à s'envoler pour Paris afin de se rendre, le 11 juin, au siège de l'Unesco. Il devait participer à l'inauguration d'une exposition baptisée « Le Peuple, le Livre, la Terre : 3 500 ans de relations entre le peuple juif et la Terre sainte », d'abord annulée à la dernière minute en janvier 2014. Conçue par les soins de cet historien renommé et initiée par le célèbre Centre Simon Wiesenthal, on se souvient – même si les médias français s'étaient montrés parcimonieux – que cette exposition, qui entendait pourtant promouvoir la compréhension mutuelle et la tolérance, avait été déprogrammée sans préavis par Irina Bokova. La directrice générale de l'Unesco avait cédé à la sommation des vingt-deux États arabes membres de l'organisation, de grandes démocraties comme chacun sait, de celles où l'on décapite les récalcitrants et où l'apostasie vous vaut la peine de mort. Le motif ? L'exposition historique aurait pu « nuire aux pourparlers de paix en cours au Proche-Orient » (*sic*). Scandalisées par cette abdication idéologique, plusieurs associations avaient obligé la branche éducative des Nations unies, non plus à annuler mais à « reporter » l'événement. L'écrivain et ancien haut fonctionnaire algérien Boualem Sansal, limogé pour ses prises de position courageuses face à la montée de l'islamisme, avait lui aussi protesté contre cette annulation subite dans une lettre à la direction de l'agence onusienne. Il y exprimait sa « surprise » et sa « gêne » devant pareil « boycott », ayant « la faiblesse de croire que c'est la libre expression qui sert la paix ». Et d'ajouter cette autre évidence qui, à Paris, passe toujours aussi mal, à savoir « combien l'absence de démocratie dans les pays arabes nourrit la violence. Éteindre le feu dans sa maison serait plus urgent que d'aller combattre des expositions culturelles à l'autre bout du monde », concluait-il.

De quoi perturber un rien les bien-pensants hexagonaux dont la pendule s'était arrêtée dans le gaucho-tiers-mondisme des années 1960 ? D'un côté les oppresseurs, les méchants, les dominants et les colonisateurs ; de l'autre les opprimés, les gentils, les dominés, les musulmans, les « chômeurs », les immigrés… C'eût été trop leur demander. Quand cette exposition avait été reportée, début 2014, les mêmes âmes vertueuses s'étaient d'ailleurs insurgées, non pas contre Dieudonné et ses incitations à la haine raciale, mais contre l'interdiction de ses shows. La Ligue des droits de l'homme et… le Front national avaient fait de même, ce dernier un rien embarrassé, partagé entre sa quête de respectabilité et son désir de ne pas s'aliéner une France « en colère ». Pour d'incompréhensibles raisons, M'Bala M'Bala se promènera toujours en liberté en 2015.

Les « enfants perdus du djihad » : pieuse sidération

C'est dire à quel point, dans cette atmosphère de pieuse sidération face aux « enfants perdus du djihad », un euphémisme repris en cœur par les journalistes européens comme si nous avions affaire à une inexplicable épidémie de crises d'adolescence, les gesticulations oratoires du président français à propos des méfaits de Mehdi Nemmouche – « Il faut d'abord agir par la prévention et la dissuasion »… – sonnaient, depuis le mont Scopus, singulièrement vides, presque comiques. Sans parler des déclarations du ministre de l'Intérieur selon lesquelles le djihadiste français de vingt-neuf ans qui venait de tuer quatre personnes au nom d'une interprétation salafiste de l'islam – encore un « loup solitaire »... – aurait été « neutralisé dès son retour en France ». À moins que Marseille (où il avait été arrêté) ne se soit miraculeusement transplantée sur la frontière franco-belge pour l'occasion...

Afin que le ton change un peu, il faudra attendre, plusieurs Français plus tard, les révélations d'un journaliste sur le fait que Nemmouche torturait du matin au soir en Syrie, lui qui avait été son geôlier pendant sa détention comme otage. Puis, à l'automne, la décapitation d'un guide de montagne en Algérie, Hervé Gourdel. Dans la foulée, la France allait découvrir sur des vidéos de Daesh que des convertis du terroir, dont des Normands, figuraient parmi les bourreaux cagoulés. Pour d'insondables raisons, l'islam, qui offrait pourtant un visage hideux ces derniers temps, séduisait de plus en plus d'autochtones, les estimations oscillant entre 100 000 et 200 000 convertis par an. Et en général, ils ne se laissaient pas séduire en sortant du théâtre des Bouffes du Nord après avoir vu l'adaptation, par Peter Brook et Jean-Claude Carrière, de *La Conférence des oiseaux*, un célèbre conte soufi dont le persan Farid al-Din Attar fit, au XIIe siècle, un des plus beaux récits poétiques de la littérature universelle[41].

Vu du mont Scopus, le visiteur s'était demandé dès le mois de mai au bout de combien de loups solitaires nos « responsables » politiques allaient se résoudre à

41. *La Conférence des oiseaux*, préfacé et adapté par Jean-Claude Carrière, Paris, « Espaces libres » Albin Michel, 2008.

parler de meute. En clair, d'un phénomène de masse aussi désastreux qu'incidieux, de plus en plus difficile à réduire à une malencontreuse succession d'actes isolés. Du reste, on apprendra plus tard, en 2015, que le djihadisme touche autour de 5 000 individus rien qu'en France. Aussi ne devrait-il pas être si compliqué, dans un pays « normal » – mais l'est-il toujours ? –, d'appeler un chat un chat. Et d'admettre avec Élie Barnavi (un partisan de la réconciliation avec les Palestiniens, mieux vaut le préciser) que la nouvelle judéophobie porte un nom : « l'islam identitaire ». Car c'est « bien lui qui, dans une France et une Europe mollassonnes et chétives, profite au premier chef de la fameuse "libération de la parole" dont un Dieudonné est la nauséabonde illustration ». Il ajoutait : « C'est cet islam-là qui a armé le bras de Mohammed Merah à Toulouse, de Mehdi Nemmouche à Bruxelles. C'est lui qui jette sur le pavé des manifestants haineux qui brandissent des pancartes "mort aux juifs"[42]. » Le diagnostic correspondait à celui posé par plusieurs intellectuels musulmans, qui observaient avec la même inquiétude que la « fièvre identitaire » gagnait du terrain au sein de leur communauté, notamment parmi les jeunes « de plus en plus nombreux à "péter les plombs" et à se réfugier dans une religiosité exacerbée[43] ». Personne ne l'entendait. Des spécialistes des filières djihadistes faisaient aussi remarquer que la frontière est souvent extrêmement mince, chez les « jeunes des quartiers » déjà ultraviolents, entre la frustration et le basculement vers l'aventure djihadiste. D'autres experts

42. Élie Barnavi, « Les Juifs et l'Europe : le divorce ? », *Causeur,* newsletter du 22 juillet 2014 (auparavant publié sur le site de i24news).
43. Tareq Oubrou, *Un imam en colère*, *op. cit.*, p. 8.

observaient par ailleurs que celle-ci parvenait désormais à convaincre des gens instruits, des médecins, des informaticiens, des ingénieurs[44].

Pourquoi ses amis français ne réagissaient-ils toujours pas ? La gauche d'en haut voulait encore croire qu'elle avait affaire à d'anciens colonisés. Du coup, ses représentants se désarmaient eux-mêmes s'agissant de contrer l'obscène rhétorique du complot mondialiste, judéo, américano, atlantico-sioniste ou maçonnique. Pas de chance, cette vision était également colportée par les nouvelles stars du néofascisme à la française, du milicien Serge Ayoub, dit Batskin, à Alain Soral et à leurs affidés – versions crânes rasés, croix gammées ou encapuchonnés des cités. Ces contempteurs ultra-droitiers de l'« escroquerie » que représenterait la Shoah n'aimaient pas non plus « la racaille », mais ils étaient néanmoins très appréciés dans les cités, où ils recrutaient avec succès. C'est qu'ils passaient pour les hérauts du grand combat contre les maîtres du monde. Comprendre : le « lobby », les sionistes et les Juifs. En vertu de cette alliance inédite, on voyait ainsi un Soral, à l'extrême droite du FN auquel il n'appartenait plus, animer des « débats » en compagnie de Farida Belghoul, ancienne figure de la marche des Beurs de 1983. De quoi y perdre son latin…

La mixture « antisystème »

Notre visiteur était frappé par ces *remix* qui le transportaient à des années-lumière des ratonnades

44. Voir notamment Marc Trévidic, *Terroristes. Les sept piliers de la déraison*, Paris, Jean-Claude Lattès, 2013, p. 24.

racistes d'autrefois, quand les fachos s'en prenaient aux « bougnoules ». La pièce n'était plus la même, les acteurs non plus. Si seulement droite et gauche établies se contentaient, elles, d'y perdre leur langue de bois ! Or, même à droite, digues et repères commençaient à s'éroder. En tolérant le soutien de vrais extrémistes, le Printemps français de 2013 avait été le surprenant laboratoire de cette érosion avec, là encore, ses lieux de synthèse singuliers comme le club de « réflexion » Fils de France, un collectif musulman proche de la galaxie fascisante Soral-Dieudonné. Parmi la gauche bobo, d'aucuns ne rechignaient pas non plus, en 2013, à se laisser griser par le soufre de la subversion.

En témoignait l'affligeant livre de dialogues entre Alain Soral et Éric Naulleau[45]. Belle complicité entre un plumitif de caniveau, qui se définissait sans complexe comme un « national-socialiste français » et, en guise de faire-valoir, une personnification télévisuelle de l'intello-bien-pensance. Avec cet ouvrage, significativement dédié « à Dieudonné M'Bala M'Bala pour son courage et sa lucidité », on touchait déjà un peu le fond. Le fait qu'un chroniqueur grisé par sa pseudo-irrévérence puisse se prêter à un tel exercice n'était pas anecdotique. Ces dialogues étaient révélateurs d'un air du temps où toutes les frontières se brouillent. La question n'était donc plus de savoir qui, de l'extrême gauche ou de l'extrême droite, serait la plus dangereuse. Persister à poser le problème en ces termes, comme le faisaient certains de ses interlocuteurs en France, revenait une fois encore à manquer

45. Alain Soral et Éric Naulleau, *Dialogues désaccordés*, Paris, Éditions Blanche, 2013.

l'inédit : cette nouvelle mixture « antisystème » où se mélangeaient plusieurs couches de rouge, de vert et de brun – le vert djihadiste surtout, sans exclusive pour un vert écolo que ce voisinage anti-impérialiste et anticolonialiste ne révulsait pas toujours, loin s'en faut.

En ce consternant mois de mai 2014, notre visiteur se disait, depuis le mont Scopus, que le double exploit bruxellois de Mehdi Nemmouche et de Marine Le Pen était emblématique de la confusion ambiante. L'affaire de l'Unesco avait achevé de l'en convaincre : à moins de prendre ce double avertissement très au sérieux en renouant avec l'interrogation de Jan Patočka sur l'héritage spirituel européen ; à moins de comprendre que Mehdi Nemmouche et Marine Le Pen se confortent l'un l'autre ; à moins de reprendre intellectuellement la main et de résister à la pente consistant à un peu angéliser l'un et à beaucoup diaboliser l'autre, à se rêver encore dans les années 1980 ou à s'imaginer de retour dans les années 1930, cette inconsistance risquait de profiter aux formations ayant su négocier le tournant du populisme. Il n'était cependant pas au bout de ses peines. Un véritable vent de folie se préparait en effet à souffler sur l'été européen. L'année n'avait pas dit son dernier mot.

CHAPITRE 4

« Mort aux Juifs ! » : l'été d'avant

Qu'allait retenir la longue histoire européenne de ce nouvel « été 14 », secoué par une vague antisémite sans précédent depuis 1945, se demandait le visiteur ? Sans doute que les symptômes du désaveu de soi qui gangrène le Vieux Continent, une pathologie qui semble inexorablement s'aggraver depuis l'aube du XXIe siècle, ne s'étaient jamais manifestés de façon aussi aiguë. Les cris de « Mort aux Juifs ! » dans les rues des villes d'Europe en constituaient le signe alarmant, entre l'hostilité décomplexée des uns, la cécité des autres et « l'indifférence » du plus grand nombre, relevée avec courage par le Grand Rabbin de France Haïm Korsia[46]. La lecture d'un article écrit en Israël au début du mois d'août, sous les tirs du Hamas, lui avait remis en mémoire un vieux dicton : quand les nuages s'amoncellent au-dessus des Juifs, c'est bientôt sur tous que l'orage menace d'éclater. Ce texte pessimiste, publié dans la revue du Congrès juif mondial et signé par Alexandra Löwenstein (dite

46. « French Society is indifférent to Anti-Semitism, new chief rabbi claims », *Haaretz* du 17 septembre 2014.

Lavastine)[47], l'affirmait sans hésiter : quand, au prétexte d'une guerre à Gaza, quatre cents manifestations sont organisées en France, quand des émeutes antisémites éclatent à la Bastille (lieu symbolique s'il en est), quand des synagogues et des magasins sont attaqués, quand des Juifs sont physiquement agressés, quand on lit sur les pancartes « Hitler devrait être fier ! »; surtout, quand quelques brillants intellectuels réussissent l'exploit d'emboîter le pas aux manifestants pour justifier cette légitime-indignation-des-masses-contre-les-assassins-israéliens, tout Européen n'ayant pas tout à fait perdu la raison oscille forcément entre l'épouvante et l'abattement[48].

Fallait-il chercher du côté de la psychanalyse, se demandait l'auteur, pour expliquer l'hystérie collective, la haine et la nazification d'Israël qui se sont déchaînées au fil de l'été 2014 ? Un pic d'autant plus révélateur qu'à l'arrière-plan, deux autres événements marquaient la période. D'un côté, les djihadistes de l'État islamique en Irak et au Levant gagnaient chaque jour du terrain, y compris en Syrie dont ils avaient franchi la frontière au début du mois de juin, semant dans leur sillage la désolation et la mort. Nous étions en été, l'Europe

---

47. Alexandra Laignel-Lavastine, « Is Democratic Europe on a Path toward Suicide ? », *Israel Journal of Foreign Affairs*, WJC, vol. 8, n° 3, p. 49-62.

48. Sur fond de guerre entre le Hamas et Israël, l'été 2014 a été marqué par une très forte augmentation des actes antisémites. La World Zionist Organization de Jérusalem recense ainsi 318 agressions antisémites en Europe pour le mois de juillet (contre 66 en 2013 le même mois), soit une augmentation de plus de 40 %. Lors de la Conférence sur l'antisémitisme qui s'est tenue aux Nations unies en septembre 2014, le représentant permanent d'Israël à l'Onu, Ron Prosor, déclarait : « Où est l'indignation ? Où sont les condamnations universelles ? Ce silence est très similaire à celui des années 1930. »

n'entendra parler de Daesh qu'à l'automne, après la trêve estivale. Au nom de l'islam, ses tueurs, pourtant, crucifiaient déjà, égorgeaient, torturaient, enterraient vivants, brûlaient vifs, massacraient, violaient, lapidaient, décapitaient des centaines d'« infidèles », dont quelques journalistes américains. Sans faire descendre quiconque dans la rue. Ni soulever, à Paris, l'« indignation » des grandes consciences antiracistes. De l'autre, les Européens s'employaient, comme si de rien n'était, à commémorer les débuts de la Grande Guerre. Autrement dit le premier suicide de l'Europe à Sarajevo survenu un siècle plus tôt, après avoir célébré en grande pompe l'anniversaire du Débarquement. Et tout en s'apprêtant à se recueillir pour les soixante-dix ans de la Libération d'Auschwitz…

Cet été-là marquait bien un tournant, mais chose sidérante, sans que les cieux ne se déchirent ni que la terre ne s'ouvre sous nos pieds. Le génie européen évidé et battu en brèche, la période estivale battait son plein tandis que des manifestants défigurés par la haine battaient le pavé. Pour le reste, il faut croire que les Européens étaient en vacances. L'Europe était à la plage. « Cet après-midi : piscine », écrivait Franz Kafka à l'entrée de son *Journal*, au premier jour de la Grande Guerre. Avec un autre sens de la tragédie qui s'annonçait.

La sombre emprise du Hamas

Comment ne pas ne pas être saisi d'effroi face à ces débordements d'hostilités antijuives – et pour la première fois en France, de violences islamistes en bandes organisées – qui allaient ébranler pendant deux mois

Paris, Londres ou Berlin ? Une déferlante occasionnée par la reprise d'un conflit géopolitique pourtant lointain, opposant l'unique démocratie du Moyen-Orient, l'État d'Israël, à une organisation islamiste et terroriste, le Hamas, en guerre ouverte contre l'Occident. Étrange indulgence envers un parti issu d'une des dernières idéologies totalitaires, celle des Frères musulmans. Un Parti-État qui règne par la terreur dans son fief de Gaza – exécutant sommairement ses opposants, militarisant ses enfants, décapitant les homosexuels sur la place publique et détournant l'aide internationale destinée à ses administrés afin de la réinvestir dans son arsenal de guerre. Une organisation dont la charte, connue de tous mais rarement citée dans la presse européenne, prône l'extermination des Juifs, noble projet brandi *ad nauseam* par ses dirigeants à longueur de déclarations publiques. De quoi soulever le cœur de nos belles âmes, s'interrogeait le visiteur ? Du tout. Ces terroristes n'étaient manifestement responsables de rien. Jamais. Pas même d'avoir tiré plus d'un millier de missiles sur le territoire israélien au mois de juin, transformant en cauchemar la vie d'une partie des habitants du pays. Non, ils « résistent ». Et l'État juif se devrait d'être, on ne sait trop pourquoi, le seul État du monde à n'avoir pas le droit de riposter à une agression.

À Paris, telle était bien l'idée qui faisait la quasi-unanimité au sein de la Ligue de défense des musulmans (LDM) comme des autres associations impliquées dans ces manifestations, dont les Observ'acteurs. Notre visiteur essayait de comprendre. À leurs yeux, le Hamas était donc un « mouvement de résistance » bien obligé de se défendre contre la « colonisation », peu importe que l'État hébreu se soit retiré de Gaza en 2005. Poussés dans leur retranchement, les mêmes militants se repliaient vers « les actes de désespoir » : « Je ne porte aucun jugement sur les tirs de roquettes et les attentats suicide parce que je n'ai pas vécu ce que les Palestiniens ont vécu », expliquait benoîtement une militante d'Observ'acteurs. Et les criminels de janvier 2015, des désespérés ? Il est vrai que dans ce domaine, ces manifestants au grand cœur pouvaient se réclamer d'un auguste maître à penser. Un maître qui parlait fièrement de ses « amis du Hamas ». Un maître pour qui l'Occupation allemande fut « relativement inoffensive » comparée à « l'occupation » de la Palestine par les Israéliens, ainsi qu'il le déclarait en 2011 à un grand quotidien de Francfort. Un maître qui exposait dans la même veine qu'au Moyen-Orient, le terrorisme s'explique par « l'exaspération ». Non, il ne s'agit pas de quelque nazillon, mais de Stéphane Hessel, l'auteur du best-seller *Indignez-vous !*. Il avait d'ailleurs eu droit à des funérailles officielles aux Invalides, avec tous les honneurs dus aux grands hommes. Le même hommage national lui aurait-il été rendu, mettons à la mi-janvier 2015 ?

Mais pourquoi se perdre en conjonctures puisque la faute revient forcément à Israël ? Notre visiteur s'efforçait de récapituler. Le Hamas « résistait » donc en exposant femmes, vieillards et enfants à « l'attaque de l'entité sioniste ». Car sur cette étroite bande de terre, une des plus densément peuplées de la planète, ce n'est pas par dizaines, mais par dizaines de milliers que les Palestiniens avaient dû monter sur les toits des immeubles durant les frappes aériennes de l'été 2014 ; supporter que des centaines de batteries lance-missiles soient installées sous leurs maisons, sous les hôpitaux, les écoles, les jardins d'enfants ou dans les sous-sols des buildings de dix étages. S'en faisait-on l'écho dans les médias européens ? Très peu. Un relatif silence par lequel les reporters relayaient fatalement la propagande de guerre du Hamas. Quelques-uns auront par la suite l'honnêteté de le reconnaître, expliquant qu'ils auraient risqué leur peau à envoyer, depuis Gaza où ils étaient étroitement surveillés, des « sujets » trop défavorables au Hamas. On n'insistait pas non plus sur le fait que Tsahal est la seule armée à avoir développé un système sophistiqué visant à prévenir les civils qui habitent à proximité des cibles militaires. Les Israéliens ciblaient des objectifs militaires et faisaient ce qu'il est convenu d'appeler, en langage militaire, de tragiques « dommages collatéraux » parmi les habitants de Gaza utilisés comme boucliers humains par leurs dirigeants. Le Hamas, lui, visait délibérément les civils israéliens, juifs et arabes confondus, et faisait peu de victimes car ces derniers se précipitaient aux abris – ils en étaient heureusement pourvus. Et parce que le pays avait investi dans un système de défense antimissile efficace. Encore coupables. Non contents d'avoir survécu à la Shoah pour quelques-uns d'entre eux, de s'être dotés d'un État, d'avoir transformé un désert en oasis et en démocratie prospère, d'abriter une minorité arabe bénéficiant de droits (à améliorer), de posséder les meilleures universités du Moyen-Orient et une des meilleures armées du monde – car voilà qu'ils n'entendent plus se laisser massacrer « comme des moutons à l'abattoir » –, les Juifs, soucieux d'épargner leur population, avaient en plus le mauvais goût de se protéger. C'est qu'ils ont, à l'évidence, toujours tort – tort de mourir, tort de vivre ; tort de ne pas se défendre, tort de se défendre.

Décidément scandaleux pour les dizaines de milliers de manifestants rouges-bruns-verts d'Europe et pour les clercs qui les soutenaient, aveugles aux ignobles pratiques du Hamas, ouvertement assumées : « La voie de la victoire sera irriguée par le sang de nos martyrs ! », exultaient, ravis, les chefs terroristes pendant ces cinquante jours de guerre, des chefs courageusement terrés dans leur mégalopole souterraine. À moins que ces bons Frères musulmans ne délivrent leurs ordres depuis les abords de leurs piscines du Qatar, à l'instar du patron, Khaled Mechaal. Une mégalopole, ou d'interminables tunnels aménagés, pour beaucoup d'entre eux, avec du béton israélien, et dont la construction, cette fois encore (et de source humanitaire palestinienne), avait coûté la vie à près de deux cents enfants palestiniens enrôlés pour creuser. Des tunnels qui se comptaient par milliers, dont plusieurs possédaient des entrées en territoire israélien d'où le Hamas avait prévu d'attaquer pendant les fêtes juives de l'automne 2014. L'objectif avoué : perpétrer un carnage parmi les habitants des kibboutz longeant la frontière. Des tunnels dont, en attendant, ils interdisaient l'accès aux familles gazaouies pendant les frappes. Plus il y avait de « martyrs », c'est-à-dire de victimes civiles, plus il y avait d'idiots utiles en Europe pour hurler « Israël = assassins » (assassins écrit de préférence avec des « s » de l'alphabet cunique en forme de « s » SS) et brandir des roquettes Qassam en carton. Une bénédiction. Complaisance parmi une majorité d'intellectuels et de journalistes européens ; écœurement chez d'autres, comme chez cette jeune Française diplômée en science politique, Shira

Hamidou, qui déplorera en septembre n'avoir « pas entendu les manifestants français pro-Gaza s'indigner des stratégies clairement terroristes du Hamas, ni se soucier des événements qui ont abouti à la dernière confrontation ». À la place, se désolera-t-elle, « nous avons eu droit au degré zéro de la réflexion dans les slogans, à des théories du complot paranoïaques, à des cortèges parfois ouvertement habités par la haine du Juif[49] ». Voilà ce que notre visiteur aurait aimé lire sous la plume des éditorialistes français.

Les bonnes âmes soucieuses de « libérer la Palestine » savent-elles que quand un conseiller du président de l'Autorité palestinienne, Mahmoud Abbas, visita le camp d'Auschwitz deux étés auparavant, en août 2012, pour y déposer une gerbe à la mémoire des six millions de Juifs assassinés dans la Shoah – un geste symbolique porteur d'espérance –, la direction du Hamas avait aussitôt demandé que ce conseiller soit jugé pour haute trahison ? Le porte-parole de l'organisation, Faouzi Barhoum, ajoutera que cette visite « injustifiée et inutile » revenait à « commercialiser une fausse tragédie justifiant le sionisme ». Savent-ils, ces bons militants pacifistes, que dans son article 7, la charte du Hamas prête ce commandement à l'Apôtre de Dieu : « L'heure ne viendra pas avant que les combattants n'aient combattu les Juifs [c'est-à-dire avant que les musulmans ne les aient tués], avant que les Juifs ne se fussent cachés derrière les pierres et les arbres et que les pierres et les arbres eussent dit : "Musulmans, serviteurs de Dieu ! Un Juif se cache derrière moi, viens et tue-le !" » ? À dire vrai, on sait tout

49. Shira Hamidou, « Le silence des musulmans ? Parlons-en ! », *Causeur*, n° 16, septembre 2014, p. 57.

cela en Europe, mais on ne voulait pas le savoir. Ainsi que l'écrivait Bernard-Henri Lévy au cours de l'été, ce n'est pas seulement Israël, mais les Palestiniens qu'il « faudrait libérer de la sombre emprise du Hamas[50] ». Notre visiteur en était à se demander si ce n'était pas les Européens qu'il faudrait, au passage, arracher à la même emprise.

Les Juifs responsables du malheur qui les frappe…

Pourquoi s'arrêter en si bon chemin ? Le même été, un quotidien de gauche français n'a pas hésité à faire sa « une » sur la Ligue de défense juive (LDJ) et son éditorial sur la responsabilité des Juifs dans le malheur qui les frappe. En page deux, l'éditorial mettait plus précisément en cause « l'agressivité de la communauté juive » française. Le visiteur a d'abord cru qu'il s'était trompé et venait d'acheter *Minute*. Quelque chose lui avait-il échappé ? Il n'avait guère remarqué que les Juifs d'Europe représentaient, ces derniers temps, une minorité particulièrement problématique et agitée. Le journal, qu'il avait connu plus inspiré, tenait pourtant à attirer l'attention sur « les menées violentes et racistes » de ses « extrémistes », en fait la dérisoire poignée de militants infréquentables de la LDJ, une vingtaine d'excités d'extrême droite ne représentant qu'eux-mêmes (une soixantaine de militants au total dans l'Hexagone). Leur pratique du coup de poing, en attendant l'arrivée de

50. Bernard-Henri Lévy, « Libérer les Palestiniens du Hamas », article publié sur site de la communauté juive de Marbella, juillet 2014.

la police, avait quand même évité un pogrom en plein Paris en juillet 2014, lors de l'assaut ultraviolent de la synagogue de la rue de la Roquette comme lors de la manifestation « Israël = assassins » de Sarcelles, qui tourna à l'émeute[51]. C'est à l'aune de « la rigueur » avec laquelle chaque groupe « combat ses extrémistes qu'il sera jugé », poursuivait l'éditorial sur un ton sentencieux.

Avait-il bien lu ? Le visiteur avait eu la vague impression que les récents radicalisés de l'islam étaient autrement plus nombreux et semblaient parfois bénéficier du soutien latent, sinon du silence ou de l'attitude ambiguë de leur milieu. Il l'avait aussi lu dans le livre de Tareq Oubrou, qui déplorait la difficulté, pour beaucoup de musulmans, à s'assumer en tant qu'individus libres de leur opinion et de leur conscience. Comme si une insurmontable difficulté psychique les empêchait de condamner les brebis galeuses sans se sentir coupables de trahir leur communauté. Le courageux recteur décrivait également la gêne qui régnait parmi ses fidèles au lendemain des massacres de mars 2012 à Toulouse et Montauban. Parmi les musulmans de Bordeaux, racontait-il, le choc fut tel qu'ils préféraient éviter le sujet. Plutôt que de se poser des questions, « ils se sentaient personnellement visés, mal à l'aise et se réfugiaient dans le silence. D'autres, pour se donner bonne conscience, s'accrochaient à l'idée d'un complot contre les musulmans » – cette grande obsession que les journalistes français ne découvriront vraiment qu'après le 11 janvier 2015. Le théologien musulman

51. Sur la Ligue de défense juive (LDJ), voir l'excellente enquête de Paulina Dalmayer publiée dans *Causeur*, « La LDJ : Juifs et méchants ? », n° 16, septembre 2014, p. 61-63.

mettait enfin en garde contre les « conséquences potentiellement effroyables » des non-dits associés au réflexe communautaire. Il l'avait observé après l'affaire Merah : il y avait surtout « les questions non formulées, mais tapies dans les esprits : "Des Palestiniens meurent bien là-bas, pourquoi pas quelques Juifs ici…"[52] ». Il se trouve qu'après l'exécution à bout portant des enfants de Toulouse, seule une minuscule poignée d'imams, sur les deux mille exerçant en France, a jugé utile de condamner publiquement le crime ou d'organiser une quelconque manifestation[53].

La mère du jeune parachutiste Imad Ibn Ziaten a fait une douloureuse expérience de son côté en parlant avec des jeunes de la cité où le tueur avait grandi. Ne sachant pas qui elle était, ils commencèrent par lui signifier toute l'admiration qu'ils portaient au meurtrier de son fils. Or, personne n'aura su ni pu la rassurer. Depuis, elle a créé une association ayant vocation à aider la frange la plus agressive et rétrograde de la jeunesse des quartiers à réintégrer les principes de leur pays de naissance ou d'accueil. Notre visiteur se demandait pourquoi cette femme remarquable n'était pas devenue, depuis, l'icône de la gauche.

La Shoah, une épreuve existentielle et morale

Que la destruction des Juifs par les nazis et leurs auxiliaires ait été perpétrée sur le sol européen, qu'elle soit à ce titre l'affaire de tous, voilà qui semblait de

52. Tareq Oubrou, *Un imam en colère, op. cit.*, p. 10-11.
53. Voir sur ce point Elisabeth Schemla, *Islam, l'épreuve française, op. cit.*, p. 183-184.

moins en moins évident. Depuis le milieu des années 1980, depuis que la Shoah avait pris toute sa place dans la mémoire collective européenne, le chef-d'œuvre de Claude Lanzmann, *Shoah*, marquant à cet égard un jalon essentiel, la responsabilité semblait de plus en plus ardue à endosser. Pour y voir plus clair, le visiteur chercha comme d'habitude un auteur est-européen à qui se fier. Il tomba sur un recueil d'Imre Kertész, juif hongrois ayant survécu à Auschwitz. Dans *L'Holocauste comme culture*, le prix Nobel de littérature insistait sur le fait que « l'Europe n'était pas seulement un marché commun et une union douanière », mais aussi « un esprit et une spiritualité ». Or, « celui qui veut participer de cet esprit doit, entre beaucoup d'autres choses, passer par l'épreuve du feu qu'est la *confrontation morale et existentielle avec la Shoah*[54] ». Celle-ci n'était pas une question de goût, mais notre visiteur commençait à douter : les Européens souhaitaient-ils encore en passer par cette épreuve, en percevaient-ils même le sens ?

À refuser l'idée que les camps de la mort forment désormais une composante indélébile de la conscience européenne comme conscience fondée sur l'éthique de la connaissance, l'Europe s'automutilait. Or, une culture ne peut s'épanouir dans l'esquive et le reniement. Aussi était-ce peut-être l'ombre de la Shoah qui planait d'un bout à l'autre d'un Vieux Continent qui s'affaissait et ne parvenait plus à tracer les contours d'un avenir discernable. Quand on a massacré six millions d'êtres humains au nom des

54. Imre Kertész, *L'Holocauste comme culture*, Arles, Actes Sud, 2009, traduit du hongrois par Natalia Zaremba-Huzsvai et Charles Zaremba, p. 61.

principes, il faut s'attendre, disait Jankélévitch, « à ce que cette affaire-là ne soit pas facilement liquidée ». Mais le philosophe relevait également qu'il était « presque sans exemple [...] que le remord d'une telle tragédie, la plus grande tragédie des temps modernes, ait glissé si vite[55] ». S'il avait su...

Outre la prise de conscience tardive de la Shoah, il semblait à notre visiteur que l'époque contribuait de deux autres manières à ramener cette « confrontation » au premier plan. Premier facteur : la réunification de l'Europe – un événement en soi capital au regard de l'histoire, mais qui avait aussi conduit à la réincorporation en son sein de nations qui, à l'Est, furent les témoins directs de la Catastrophe. Tout cela ne s'était pas passé « sur une autre planète[56] », pour reprendre l'expression d'Amos Oz. Ni à l'abri des regards, dans la discrétion des forêts, des camions bâchés ou dans l'environnement confiné des camps, mais dans des villages idylliques, de paisibles prairies, au bord des fleuves et des rivières, tout près de paysans qui gardaient leurs vaches et qui, la plupart du temps, profitaient de l'aubaine en dénonçant, en pillant ou en prêtant main-forte aux bourreaux. De ce côté-ci de l'Europe, une foule de voisins *assistèrent* le

55. Vladimir Jankélévitch, *L'Imprescriptible, op. cit.*, p. 56-57 et p. 59.
56. Amos Oz, *Les Deux morts de ma grand-mère, et autres essais*, Paris, Folio Gallimard, traduit de l'hébreu par Flore Abergel et de l'anglais par Anne Rabinovitch, 1995, p. 240. Sur le cas de la Roumanie, emblématique de cette complicité généralisée, à l'instar de l'Ukraine, voir le monument de Matatias Carp, clandestinement écrit en temps réel, au cœur même des persécutions, *Cartea Neagra. Le livre noir de la destruction des Juifs de Roumanie (1940-1944)*, Paris, Denoël, traduit du roumain, présenté et annoté par Alexandra Laignel-Lavastine, 2009.

martyre de leurs compatriotes juifs au moins autant qu'ils *y* assistèrent. En Ukraine, en Pologne, en Roumanie, en Slovaquie, en Hongrie, en Croatie ou dans les pays Baltes, le crime nazi, un long processus étalé dans le temps, était une « affaire publique » qui s'est littéralement déroulée sous les yeux de millions de personnes ordinaires, bénéficiant de leur complicité active, de leur approbation tacite ou, au mieux, de leur l'indifférence. Ainsi qu'il l'avait lu chez l'historien Jan T. Gross à propos de la Pologne, mais cela vaut pour les pays cités plus haut, la Shoah « s'est accomplie au milieu de la population, devant des témoins qui appartiennent à la génération des parents et des grands-parents des Polonais d'aujourd'hui, sous les yeux mêmes de badauds qui, par ailleurs, y ont participé d'une façon ou d'une autre[57] ».

Deuxième facteur : la radicalisation d'une partie du monde islamique. Le sentiment antijuif était indiscutablement très présent parmi les musulmans d'Europe, et deux à trois fois plus répandu que dans la moyenne de la population en France, selon l'étude de la Fondation pour l'innovation politique. Rien de très surprenant quand on sait que les dix pays les plus antisémites du monde sont situés au Moyen-Orient et en Afrique du Nord, avec un taux global de 74 % d'interviewés avouant avoir des opinions antisémites, soit plus de sept personnes sur dix, comme l'a révélé l'enquête de l'Anti-Defamation League, rendue publique en mai 2014. Les chaînes de télévision satellites et la mondialisation aidant, les liens que les immigrés entretenaient

57. Jan T. Gross, *La Peur. L'antisémitisme en Pologne après Auschwitz*, Paris, Calmann-Lévy, traduit de l'anglais par Jean-Pierre Ricard et du polonais par Xavier Chantry, préfacé par Audrey Kichelewski, 2010, p. 57.

avec leur pays d'origine contribuaient également à la diffusion de ces représentations populaires. Dans ce Top 10, l'Algérie caracolait en quatrième position (à côté de la Libye) avec plus de neuf hommes sur dix (92 %) et de huit femmes sur dix (82 %) avouant des croyances antijuives. La Tunisie, elle, arrivait en 2014 au sixième rang, près de neuf Tunisiens sur dix (86 %) estimant que « les Juifs jouissent d'un trop grand contrôle sur les affaires mondiales », qu'ils cumulent « trop de pouvoir dans le monde des affaires » (85 %) et « sur les marchés internationaux » (84 %).

Enfin, il semblait de plus en plus compliqué, au vu de la documentation disponible, de faire comme si la Shoah était un crime purement européen dont le monde arabe serait tout à fait innocent. On savait que le mouvement des Frères musulmans, apparu en Égypte en 1925, n'avait jamais caché son admiration pour le régime nazi, ses groupes clandestins s'étant du reste mis au service du Reich pendant la guerre. On savait que les partis Baas de Syrie et d'Irak s'étaient directement inspirés du national-socialisme. On savait que le Grand Mufti de Jérusalem, Hadj Amin al-Husseini, l'oncle de Yasser Arafat, avait déclaré la guerre aux Juifs dès les années 1920[58]. Il entretenait des liens amicaux avec Himmler et Eichmann et ne cessait d'inciter ce dernier à accélérer les mesures d'extermination mises en œuvre en Europe, ainsi qu'on pouvait déjà le lire dans les Actes du procès de Nuremberg. On connaissait également la teneur de sa rencontre avec Hitler en 1941, quand le Mufti lui avait promis

58. Pierre-André Taguieff, *Israël et la question juive*, Saint-Victor-de-Morestel, Les Provinciales, 2011. Sur la nouvelle judéophobie, on pourra se reporter à l'ensemble des ouvrages pionniers de cet universitaire et à ceux de Shmuel Trigano.

la création d'un vaste « État arabe de type fasciste » moyennant l'aide du Führer pour éradiquer la présence juive en Palestine. Il y avait sa fameuse visite à Auschwitz que plus personne n'ignorait. Elle lui fera dire qu'il pourra aller « le cœur léger » dans sa tombe « sachant que cinq millions de Juifs ont été exterminés ». Nul n'ignorait enfin que ce fondateur du national-islamisme palestinien s'était rendu en Bosnie en 1944 pour soutenir les membres musulmans de la division Waffen-SS Handschar, créée en 1943, devant qui il avait affirmé que « les principes de l'islam et ceux du nazisme présentent de remarquables ressemblances ». Islamisme et nazisme ne furent pas complètement étrangers l'un à l'autre.

Ces deux facteurs entraient-ils pour quelque chose dans le désir d'en être enfin quitte ? Comment expliquer, sinon, l'irrésistible nécessité, si manifeste ces derniers temps, d'ériger le Juif en coupable universel et absolu ? En mettant de côté la question de l'antisémitisme de facture arabo-musulmane, c'est surtout l'effarante trahison des clercs européens qui surprenait notre visiteur. Il en allait de même pour le seuil de tolérance élevé d'importants segments de l'opinion européenne face à l'expression de plus en plus décomplexée de cette haine-là.

L'obsession pathologique d'Israël

La focalisation des esprits sur les méfaits supposés constants de l'État hébreu ne laissait pas de le stupéfier. L'obsession se définit en psychiatrie par l'intrusion répétée d'idées, d'émotions ou d'images que le sujet réprouve éventuellement, mais dont il ne peut contrôler l'apparition et le développement. De fait, l'abîme se creusait – et à cet égard, un palier avait encore été franchi à l'été 2014 – entre la légitime critique de la politique conduite à Jérusalem et la haine rabique qu'inspirait le nom même d'Israël. C'était en monstres assoiffés de sang et en criminels de masse qu'on se plaisait, à l'été 2014, à dépeindre les Israéliens. Une image particulièrement prisée était celle de l'Israélien en tueur d'enfants palestiniens. Serait-ce que depuis des siècles, il est bien connu que les Juifs se plaisent à fabriquer de succulents pains azymes avec le sang des petits enfants non-Juifs ? Notre visiteur retrouvait là l'antique accusation chrétienne de crime rituel, remise au goût du jour de l'antisionisme version XXIe siècle. Et pour quelles mystérieuses raisons ce conflit international retenait-il à ce point l'attention, alors que la géopolitique ne représentait pas, aux dernières nouvelles, la principale préoccupation des citoyens de l'Union européenne ? Il se posait la même question à propos des médias. Pourquoi couvraient-ils le conflit de l'été 2014 entre Israël et le Hamas comme s'il s'agissait de l'opération de guerre la plus décisive de l'année à l'échelle du globe ? Par contraste, l'intervention au Sahel contre des djihadistes qui terrorisaient les populations, engagée par l'armée française en 2013, n'avait pas mérité une couverture excessive. Serait-ce que ces conflits perdent aussitôt de leur intérêt dès lors que les Juifs n'y sont pas impliqués ? On ne saurait le croire.

D'où cette autre énigme : comment rendre raison que des tragédies infiniment plus meurtrières, dont les victimes civiles se comptaient par dizaines ou par centaines de milliers, ne précipitaient personne sur le pavé pas plus qu'elles n'incitaient les personnalités à se ruer sur les pages « opinions » de la presse ? Il se disait que si les Européens n'avaient pas sombré dans la pathologie, les 250000 victimes du conflit syrien, les 1600 femmes assassinées au Pakistan en 2013 (dont 271 après avoir été violées et 193 brûlées vives) auraient dû soulever les foules, de même que le carnage au Congo (estimé à trois ou quatre millions de victimes jusqu'à présent) ou l'ultraviolence des cartels de la drogue au Mexique (autour de 100000 victimes et 20000 disparus entre 2006 et 2012). Trois fois rien ? Rien, en tout cas, qui vaille la peine de manifester, de déplacer les caméras ou d'y consacrer les gros titres. L'indignation était-elle bien « proportionnée » ?

Cette fois encore, certains musulmans lui semblaient beaucoup plus conséquents que les aristocrates européens du parti de l'Autre. « Cela fait plusieurs semaines qu'une question me travaille », expliquera, à l'automne 2014, une jeune universitaire franco-tunisienne : « Depuis un an, des musulmans meurent, victimes de Daesh, et personne ne manifeste, alors que les gens le font pour Gaza[59]. » C'est dire si on peut s'interroger sur les étranges motivations auxquelles obéissent ceux qui cassent du Juif ou estiment plus poliment qu'Israël seul devrait être mis au ban des nations civilisées et traîné devant la Cour pénale internationale pour crime contre l'humanité. Supposons qu'ils réagissent en tant qu'êtres humains, donc au nom de la Justice universelle. Mais alors, comme le relevait à juste titre l'écrivain Pierre Jourde dans *Le Monde* au mois d'août 2014, la question se reposait :

59. Cité dans le reportage de Vladimir de Gmeline, « Quand les Français musulmans s'interrogent », *Marianne*, 3-9 octobre 2014, p. 19.

« Pourquoi ne se révoltent-ils pas quand on massacre les Indiens du Chiapas et les Tibétains ? Pourquoi les centaines de milliers de morts, les inconcevables cruautés perpétrées au Darfour ne les jettent-ils pas dans les rues ? Tout de même pas parce qu'elles sont le fait des milices d'un régime islamiste ? » Dans le même ordre d'idée, comment expliquer que certains puissent souffrir pour les enfants de Gaza et porter aux nues Mohamed Merah, un tueur d'enfants juifs ? Le mystère s'épaississait. Force était de convenir qu'on peut « massacrer et torturer à travers le monde cent fois plus qu'à Gaza, le vrai coupable, le coupable universel, c'est le Juif ». Toutes les exactions et les tortures du monde ne feront jamais le poids.

Notre visiteur donnait raison à Jankélévitch, la conversion magique des Juifs en nazis rendrait idéalement la tâche plus facile. Elle dispenserait d'avoir à compatir aux horreurs qu'ils ont subies tout en ayant l'avantage de les légitimer rétrospectivement. « Une introuvable aubaine », remarquait encore l'auteur de *L'Imprescriptible* au début des années 1970, qui commençait à se demander si l'antisionisme, alors beaucoup plus groupusculaire, ne constituait pas déjà l'expression d'un « antisémitisme justifié, mis enfin à la portée de tous », donnant en somme « la permission et même le droit et même le devoir d'être antisémite au nom de la démocratie », l'antisionisme renvoyant en un mot à « la permission d'être démocratiquement antisémite[60] ».

Auschwitz obligeant un peu malgré tout, il fallait que la détestation des Juifs, en Europe, s'énonce dans une langue recevable, celle de l'anticolonialisme

60. Vladimir Jankélévitch, *L'Imprescriptible, op. cit.*, p. 19-20.

ou de l'antiracisme. D'où l'aubaine d'Israël. Mais au XXIe siècle, certains intellectuels d'extrême gauche ne reculaient même plus devant la dénonciation du prétendu mercantilisme dont la Shoah ferait l'objet. Une dénonciation pratiquée le cas échéant avec les encouragements de quelques-uns de nos humanitaires, tel Rony Brauman postfaçant *L'Industrie de l'Holocauste* (2001). Un brûlot qui visait à montrer que la mémoire de la Shoah aux États-Unis serait le fait d'une vaste manipulation visant « à justifier la politique criminelle de l'État d'Israël », quand elle n'est pas affaire de « gros sous », ce que l'auteur nommait avec délicatesse « la capitalisation de l'Holocauste[61] ». Au moins l'extrême gauche rejoignait-elle ici un leitmotiv de l'extrême droite. Un peu comme lorsque ces deux mouvances défilèrent côte à côte à Anvers, à l'automne 2012, pour hurler de concert « Les Juifs au gaz ! » à l'occasion, là encore, d'une opération à Gaza. Pour achever de s'en débarrasser, que ce soit par haine de soi ou par culpabilité, pour que la boucle soit bouclée, il faudra néanmoins franchir cette étape supplémentaire que représente le renversement systématique de la victime en bourreau. Il faudra « démontrer » que les Juifs sont eux-mêmes des nazis et faire en sorte que cette inversion s'impose à un grand nombre de gens. Le succès de ce tour de passe-passe n'était pas gagné d'avance.

Quant à l'idée selon laquelle les Juifs – au XXIe siècle, on disait de préférence « les sionistes » ou « les Israéliens » – seraient passibles de « crimes contre l'humanité », l'idée recevait sans difficulté l'aval des

---

61. Norman G. Finkelstein, *L'Industrie de l'Holocauste. Réflexions sur l'exploitation de la souffrance des Juifs*, Paris, La Fabrique, traduit de l'anglais par Eric Hazan, postface de Rony Brauman, p. 12 et p. 15.

Nations unies. Rien d'étonnant puisque sa Haute Commission pour les droits de l'homme avait réussi, entre 2006 et 2014, à condamner Israël dans cinquante résolutions, aucun autre État de la planète, y compris les régimes totalitaires les plus épouvantables, n'affichant un tel palmarès. Grotesque. Sur la seule année 2013, et sur toutes les résolutions relatives aux violations des droits de l'homme votées par l'Assemblée générale, sept sur dix concernaient à nouveau… l'État hébreu. Et en 2014, dans les rues des capitales européennes, la superposition de l'étoile de David et de la croix gammée, symbole suprême de l'inversion, pouvait s'exhiber sans faire s'évanouir d'horreur leurs habitants. Interrogé le 26 juillet 2014 sur ceux qui, sans doute victimes d'un coup de chaleur, allaient jusqu'à comparer Gaza au ghetto de Varsovie, Alain Finkielkraut répondait : « Le jour viendra – et il est déjà venu en Turquie – où l'on ne se réfèrera plus à l'apocalypse nazie que pour incriminer Israël, le sionisme et les Juifs. » Il poursuivait par cette jolie formule : « Je n'arrive pas à croire en Dieu, mais ce retournement du "devoir de mémoire" me paraît être une preuve très convaincante de l'existence du diable. »

Le visiteur en venait à se demander si, à force de dévoiements mémoriels et de surenchères victimaires, cette échéance n'approchait pas à grands pas sur le Vieux Continent. Ces « gens-là » n'étaient-ils pas un peu pénibles avec leur propension à poser en nantis du souvenir, à s'arroger la meilleure part du butin et à détourner à leur profit le capital de pitié disponible ? D'autant qu'en termes de détournement, de profit et de capital, ils s'y connaissaient… Au vu de ce consternant spectacle, notre visiteur était d'avis qu'il fallait renverser le raisonnement classique : ce n'était pas la politique israélienne qui, à force de susciter la désapprobation, finissait par nourrir l'antisémitisme. C'était au contraire l'antisémitisme qui motivait la fixation pathologique sur Israël, ses « crimes de masse » supposés tenant lieu de justification venant légitimer une hostilité dont on était invité à comprendre que les Juifs comme les israéliens ne l'avaient peut-être pas volée.

Il aurait fallu être prophète pour prédire une telle indécence, un tel parti pris et une telle mauvaise foi, soixante-dix ans après la Shoah. Qui aurait pu se douter, il y a encore quelques décennies, que le nom d'Israël empêcherait « de penser même les meilleurs penseurs », pour reprendre le titre d'une tribune de Gil Mihaely, également publiée dans *Le Monde* au début du mois d'août 2014 en réponse à un article violemment anti-israélien, signé celui-là par Edgar Morin, Christian Hessel, Rony Brauman et Régis Debray ? C'est en raison de ce climat que les Juifs européens envisageaient de fuir l'Europe. Une autre forme de suicide collectif, car nul ne l'ignore, à chaque fois que les empires ou les nations ont cru devoir se passer de leurs minorités juives, toujours porteuses de dynamisme et de modernité, en les persécutant, en les expulsant ou en les massacrant, une longue période de déclin s'en est toujours suivie.

Ou comment s'en débarrasser

Dans l'immédiat, inciter les Juifs européens à un nouvel exil n'en représentait pas moins une première manière de se débarrasser des vivants. Mais il y avait aussi les morts. Car tantôt les Juifs poussaient le crime jusqu'à ne pas mourir en assez grand nombre, comme pendant l'été 2014 en Israël ; tantôt ils empoisonnaient le quotidien des non-Juifs au prétexte qu'ils auraient été victimes du pire génocide que l'histoire de l'humanité ait jamais connu. Voilà qui faisait beaucoup pour de bonnes consciences malgré tout un peu lourdes et vaguement coupables, sans quoi les Juifs les obséderaient moins. Ou *comment s'en débarrasser*, songeait notre visiteur en se souvenant du titre d'une pièce de Ionesco. De nombreux Européens, musulmans ou pas, avaient surtout envie d'en finir avec cette insupportable tyrannie de la repentance ou avec « la massue morale d'Auschwitz », selon l'élégante expression de l'écrivain allemand Martin Walzer. Par cette formule, qui remonte au début des années 2000, le romancier réclamait le droit de passer à autre chose et de « zapper » la Shoah. Cette déclaration, un peu oubliée depuis, provoqua une vive controverse à l'époque. Nous étions quand même en Allemagne. Dans l'atmosphère empoisonnée qui règne à présent en Europe, nul ne prendrait plus la peine de relever pareils propos tant ils se sont banalisés, constatait le visiteur avec effarement.

De fait, une détestable concurrence victimaire se déployait depuis l'entrée dans le XXIe siècle. Des cohortes de représentants de l'humanité souffrante et autres prétendants au génocide se bousculaient au portillon. Il est vrai que vers la fin de la décennie 1990, et avant que divers « indigènes de la République » ne sortent du bois avec l'esclavage, la Nakhba ou les crimes du colonialisme, l'agacement antimémoriel avait commencé à créer, en France, un climat un rien singulier où il était finalement de bon ton que les Juifs soient, d'une manière ou d'autre, un peu fautifs. À suivre certains historiens français, cette histoire de Shoah avait même tendance à rendre la mémoire européenne hémiplégique au bénéfice des victimes du nazisme et au détriment de celles du communisme. Dans cet esprit, des universitaires comme Alain Besançon dans *Le Malheur du siècle* (1998) avouaient toujours attendre que « les Juifs » veuillent bien demander pardon pour les crimes du stalinisme (*sic*). « Trop de mémoire ici, trop d'oubli ailleurs », se plaignait de son côté le philosophe Paul Ricœur en 2000. Il était insupportable que « l'enfant juif » du ghetto de Varsovie l'emporte, dans notre compassion, sur « l'enfant ukrainien » de la grande famine de 1933, se lamentait pour sa part l'historien Stéphane Courtois dans sa préface au *Livre noir du communisme* (1997). Décidément, c'était une manie, encore une histoire d'enfants…

Était-il pertinent de réduire le travail de mémoire à ses seules dérives ? Certains de ses savants détracteurs évoquaient un dogme développant de nouvelles ignorances et de nouveaux tabous ; d'autres parlaient de ressassements, d'injonctions péremptoires, voire de rémanences persécutrices et vengeresses[62]. Notre visiteur inclinait à penser que c'est plutôt quand les morts cessent de nous concerner à la manière d'une obligation consentie du dedans, relevant en ce sens de la conscience, de l'autonomie et des scrupules, qu'il faudrait commencer à s'alarmer. L'oubli qui recouvre les vaincus relève quand même du crime contre l'esprit, se disait-il. Même Marx le savait : « Le passé

62. J'ai développé ailleurs ce climat contre-mémoriel, notamment dans « Des Intellectuels français contre la mémoire : logiques et ressorts d'une exaspération », Thomas Ferenczi (sous la dir. de), *Devoir de mémoire, droit à l'oubli ?*, Bruxelles, Complexe, 2002, p. 33-38, et dans « Esquisse d'un état des lieux du paysage mémoriel en France, des années 1990 aux années 2000 », *La Célibataire* (revue de psychanalyse), n° 20, été 2010, p. 89-105.

des morts pèse très lourd sur la tête des vivants », écrivait-il dans *Le 18 Brumaire de Louis Bonaparte*. Tout le monde n'était cependant pas d'accord avec cette vision dans la France des années 1990-2000. On prétendait qu'il y avait de l'« abus » dans l'air et qu'il était urgent de le corriger. Après la culpabilité d'être né, nous avions droit au délit du souvenir abusif. Et après, se demandait notre visiteur ? La réponse se déroulait sous ses yeux : nous avions, de proche en proche, le crime d'exister tant il semblait évident, en cet été 14, que le plus grand crime d'Israël résidait, *in fine*, dans son existence même. De nombreux Européens ne semblaient décidément pas disposés à pardonner Auschwitz aux Juifs…

Du souvenir des camps à la défaite du politique ?

Un autre contresens lui paraissait travailler la pensée française. Il tenait à l'idée selon laquelle les intellectuels issus de la pensée antitotalitaire – qui étaient justement parmi les rares à garder le Nord – seraient parvenus, depuis le milieu des années 1970, à fabriquer des sociétés hantées par les images du nazisme et du stalinisme. On prêtait à ces clercs qui, disait-on, s'étaient attribués le magistère des justes causes et des bons sentiments, une sorte de chantage au totalitarisme : « Vous vous souvenez des camps ? Alors n'en demandez pas trop ! » On reprochait à ceux qu'on appelait les « nouveaux philosophes » de s'être appuyés sur la critique de barbaries bien réelles par verser dans la culpabilité morbide. Ils allaient répéter depuis quatre décennies que le totalitarisme n'était pas étranger à notre histoire et à nos frontières. Or, c'est à force de s'en référer à l'expérience des camps que nos sociétés en seraient venues à douter profondément d'elles-mêmes. Et pour le pire, ce traumatisme ayant entraîné un scepticisme accru quant à notre capacité à changer le monde, avec pour effet de désenchanter le politique au profit d'une conception minimaliste de la démocratie.

Faire grief à la pensée antitotalitaire d'avoir œuvré en faveur d'une antipolitique ne valorisant plus que le marché, le droit, la morale ou l'ancrage culturel, lui semblait injuste. À ses yeux, l'esprit antitotalitaire bien compris – qui se méfie autant des dérives de l'État total que de celles de l'individu total – recelait à l'inverse une pensée de l'action et une éthique de la responsabilité qui ne lui avaient jamais paru aussi nécessaires qu'en ce début du XXIe siècle. Au sein de la pensée dissidente, ces deux volets s'articulaient en effet à travers une conception « haute » de l'exigence démocratique en tant qu'ordonnée au *bien-vivre*, à la quête d'une vie véritablement humaine, et non pas seulement au *bien-être*. Quoi qu'il en soit, il lui semblait, en cette fin 2014, que la barbarie restait notre problème, le problème de notre civilisation et de notre culture. À ses yeux, l'embarras face au danger de l'islamisme et à la séduction qu'il exerce participait à leur manière du refus de se laisser enseigner par les catastrophes du XXe siècle. L'autre issue, on la connaît, elle est autodestructrice et elle est en marche : il faudra, pour se décharger de la faute, que le Juif soit l'ennemi et que les Juifs (ou « les sionistes ») deviennent à leur tour des « génocidaires par essence » (Dieudonné). Où serait, sinon, le bon usage de la mémoire ? Où serait la justice universelle ? Surtout, où serait notre innocence ?

Entre la fin mai et la fin novembre 2014, quelques esprits allaient finir par redescendre sur terre. La moindre des choses puisqu'il se trouvait que les ambitions djihadistes des jeunes Français avaient augmenté de près de 100 % depuis le début de l'année et que les profils d'autoradicalisés se multipliaient à grande échelle. Du printemps à l'automne, le ministre de l'Intérieur s'est ainsi résigné à abandonner ses loups solitaires au profit, plus réaliste, d'un « terrorisme en libre accès[63] » sur Internet. Mais comme il ne fallait toujours pas « amalgamer », le même s'empressait d'ajouter que ce phénomène n'avait strictement rien à voir avec l'immigration musulmane en Europe ni avec l'islam, religion-de-tolérance-et-de-paix. Deux semaines avant les attaques de janvier 2015, le visiteur avait même vu, éberlué, un débat télévisé sur le thème : « Comment parler d'immigration ? » L'animateur faisait remarquer avec sagesse que le mot était devenu presque « imprononçable » et que poser le problème de la place de l'islam dans un monde globalisé passait presque pour un « crime en soi » en vertu de l'équivalence absurde immigration = racisme = Front national. Un invité lui donnait involontairement raison, qui fulminait contre l'idée qu'on puisse rapprocher immigration, islam et islamisme, à moins de s'adonner à une rhétorique « putride et rance ».

Cet automne-là, l'Allemagne pré-Pegida était moins déprimante. Notre visiteur en voulait pour preuve la manifestation organisée à Berlin à la mi-septembre 2014, non pas toutefois par des Allemands non-Juifs, mais par le Conseil central des Juifs d'Allemagne. Ce rassemblement de protestation contre la flambée

63. « On est face à un terrorisme en accès libre », entretien accordé au *Monde* du 18 novembre 2014.

d'antisémitisme de l'été n'en avait pas moins réuni une foule éclectique de quelque huit mille personnes à la porte de Brandebourg. Parmi les participants, de nombreux individus issus de minorités elles-mêmes persécutées – des chrétiens de Syrie, des musulmans victimes de l'islamisme ou des Africains originaires de l'ancienne république du Biafra. La chancelière Angela Merkel, en tête du cortège, avait condamné sans équivoque l'antisémitisme ayant imprégné les manifestations palestinistes de l'été. « Ceux qui ont instrumentalisé la critique d'Israël pour dissimuler leur antisémitisme », déclarait-elle avec force, ont « abusé de notre droit fondamental à la liberté d'expression et à la liberté de réunion ».

Le visiteur cherchait, en vain, un sursaut analogue dans l'Hexagone où seuls les soldats engagés contre Daesh lui semblaient avoir la tête à l'endroit. La gauche avait-elle, réflexion faite, quelque chose à dire ? Non, toujours rien. Du coup, les plus excédés se sont jetés sur… *Le Suicide français* d'Éric Zemmour, en tête des meilleures ventes de la rentrée[64]. Cet ultra présentait un programme qui se laissait résumer en quelques points : liquider 1789, annuler Mai 68, tirer un trait sur Vichy, en finir avec l'individu autonome et, pendant qu'on y est, avec la modernité et l'Europe, sans oublier les droits de l'homme (et de la femme). Réjouissante vision de l'avenir dont il semblait échapper à l'auteur qu'elle ne serait pas forcément pour déplaire à ses adversaires islamistes… Voilà à quels genres d'inquiétants paradoxes nous en étions à la fin de l'an 2014. Notre visiteur est reparti, en se demandant s'il ne venait pas de faire un long cauchemar.

64. Éric Zemmour, *Le Suicide français*, Paris, Albin Michel, 2014.

DEUXIÈME PARTIE

Le nouveau désordre intellectuel

*« Le faux bel esprit tient
de plus près que l'on croit
à la barbarie. »*

D'Alembert

*« La religion du particulier et le mépris de l'universel
est un renversement des valeurs qui caractérise
l'enseignement du clerc moderne. »*

Julien Benda

« Pendant longtemps, j'ai cru que les imbéciles avaient élu domicile à droite. C'était confortable. Je sais maintenant qu'ils sont nombreux dans mon propre camp. C'est insupportable. »

Benoît Rayski

CHAPITRE 5

Quand la gauche s'effondre

Le temps d'un quinquennat, la présidence de Nicolas Sarkozy nous aura permis de remettre à plus tard les seules questions qui importaient : comment amorcer le virage de la globalisation, regarder en face la crise de l'intégration et combattre le fondamentalisme en même temps que le nouvel antisémitisme ? C'eût été au passage la meilleure manière de rassurer les musulmans d'Europe sur leur avenir et leur éviter d'avoir à raser les murs. L'arrivée de Nicolas Sarkozy au pouvoir, l'homme que beaucoup ont tant aimé haïr[65] – sans doute parce qu'il a aussi eu la malchance d'être le premier chef d'État français à gouverner dans la mondialisation –, fut en cela providentielle. Une partie de l'opinion croyait tenir le grand méchant loup par qui le malheur nous arrivait.

Plutôt que de s'attacher à reconstruire un projet crédible, durable et intelligible, les adversaires de la « sarkozie » ont donc choisi de faire *comme si*. Comme si la pente « innover ou périr » était résistible. Comme

65. Benoît Rayski, *L'Homme que vous aimez haïr*, Paris, Grasset, 2010.

si l'ancien monde n'était pas en train de chavirer. Comme si l'Inde et la Chine n'étaient pas entrées dans la danse et comme si leur appétit consumériste restait sous contrôle. Comme si les marchés financiers ne fonctionnaient pas à la nanoseconde et demeuraient aux ordres des États. Comme si la logique de l'hyper-capitalisme était encore domesticable et comme si la révolution Internet ne révolutionnait rien alors qu'elle change tout.

De la leçon de 2002, qui vit Jean-Marie Le Pen arriver au second tour de l'élection présidentielle en attendant que sa fille ne fasse de même en 2017, voire pire, la gauche semble n'avoir rien retenu. La haine anti-Sarkozy venant prendre le relai après la sieste chiraquienne, nous en avons profité pour différer le moment où nous allions devoir réfléchir au fait que si nous vivons une forme de dépossession démocratique, il s'agit pour l'essentiel d'une dépossession de la démocratie *par* la démocratie. Droite et gauche confondues ont trouvé plus pertinent de rester engluées dans le conflit dépassé du libéralisme et du socialisme. Paresse de la pensée progressiste qui, pour toute doctrine, se contentait de décliner un festival ininterrompu de « Tout sauf », à commencer par « Tout sauf Sarkozy », un slogan alors très « tendance » et des initiales qui pourraient aussi renvoyer à autant de tentatives de suicide (TS, dit-on dans le jargon médical). Piteux ersatz qui s'est cristallisé sur trois théâtres au moins : international, européen et intérieur. Presque une vision du monde.

Un festival ininterrompu de « Tout sauf »

Nous avions « tout sauf » le soutien à « l'empire » (Toni Negri), autrement dit les États-Unis. Tout sauf l'invasion de « plombiers polonais » aux relents xénophobes et étatistes du « non » au référendum sur l'Europe de 2005, un discours qui n'était pas sans rappeler le vertige « social-nationaliste » dénoncé en son temps par Léon Blum. Tout sauf la nécessité de réintégrer les « territoires perdus de la République » dans son giron, le rétablissement de l'ordre ne dissimulant jamais qu'une nouvelle menée de l'État post-colonial contre ses minorités « dangereuses ». D'ailleurs, on ne dira pas forces de l'ordre, mais « force d'occupation ». Dans cette optique, on jettera le voile sur ce que toutes les enquêtes démontrent, à savoir que les prisons françaises sont peuplées, à une écrasante majorité, de détenus d'origine musulmane[66]. Triste phénomène dont les musulmans « normaux » sont les premiers à estimer qu'il ne devrait plus être tabou[67], l'argent facile n'étant pas le seul moyen d'acquérir un statut social. La preuve ? Notre armée républicaine compte dans ses rangs de nombreux soldats et officiers d'origine musulmane. Ce sont eux qui, au prix de leur vie, défendent l'Europe contre la peste djihadiste. Les jeunes Français en semblent d'ailleurs conscients, eux qui, selon une enquête du Cevipof de novembre 2011, disaient avoir confiance en l'armée à 85 % et se reconnaître dans les valeurs du devoir, de la discipline et du sacrifice. Dans la veine angélisante, on aura aussi tout sauf une défense ferme de la laïcité – on sera contre la loi de 2004 sur le port de signes religieux à l'école, forcément faite pour humilier les musulmans, et contre la loi de 2010 sur le

66. Farhad Khosrokhavar, *L'Islam dans les prisons*, Paris, « Voix et Regard », Balland, 2004.

67. « Ce n'est malheureusement pas un hasard si nos prisons sont majoritairement peuplées de jeunes musulmans », écrit ainsi Tareq Oubrou dans *Un imam en colère, op. cit.*, p. 14.

voile intégral, une atteinte aux libertés des dames en noir. Sur le front de cette nouvelle bataille qu'est la question de l'islam radical, par contre, on ne dira pas « Tout sauf » par respect pour les humbles : on y verra plutôt la spiritualité, un rien exaltée, des miséreux et des offensés. Enfin, on aura tout sauf le libéralisme.

Que le siècle des totalitarismes européens se soit conclu sur une exécration aussi véhémente de la pensée libérale, voilà tout de même une issue bien curieuse. On s'étonne également, en France, qu'une logique similaire ait pu conduire tant d'intellectuels à une critique hyperbolique de l'État de droit dont la politique à l'égard des immigrés relèverait d'un « racisme d'État » ayant assez peu à envier au régime de Vichy. Encore plus bizarre, certains ne cessent, depuis une dizaine d'années, de convoquer les lumières du philosophe et juriste Carl Schmitt (qui participa à la rédaction des lois antijuives dans l'Allemagne de la fin des années 1930), nouvelle coqueluche de la gauche de la gauche comme de l'ultra-droite, à qui l'on reconnaît d'avoir si brillamment théorisé l'État d'exception (que Sarkozy devait préparer en douce…). Raison pour laquelle il devrait « être pris au sérieux », expliquait Jacques Derrida dans ses textes postérieurs au 11-Septembre et, avec lui, ces nouveaux mentors des pseudo-radicalités que sont Slavoj Žižek, Peter Sloterdijk, Giorgio Agamben ou Étienne Balibar.

Comme le remarque Bernard-Henri Lévy, « c'est toute une frange de la gauche qui, faute de Marx, mange du Schmitt […]. C'est tout un pan de l'intelligentsia européenne qui marche comme un seul homme derrière cette idée curieuse et, plus on y pense, hallucinante selon laquelle il reviendrait à un penseur nazi de tirer la gauche de son impasse ». À propos de cette intelligentsia, l'auteur de *Ce grand cadavre à la renverse* se demandait, dès 2007, si nous avions affaire à une « armée perdue » ou plutôt à une « avant-garde » ? Au « dernier carré avant débandade » ou à une « phalange d'avenir[68] » ? Il penchait pour la deuxième option. Les huit années qui se sont écoulées depuis lui donnent raison : les contre-Lumières ont en partie pris le pouvoir au sein d'une gauche qu'on hésite à qualifier d'égarée ou de très à droite. Imagine-t-on ce qui se serait produit si Sarkozy avait fait référence à un philosophe SS ? À force de « Tout sauf », une partie de la cléricature bien-pensante en serait-elle venue à avoir… tout faux ?

Le fantasme d'une Europe colonialiste par essence

La montée en puissance du relativisme et de l'idéologie multiculturaliste constitue une autre ligne de force de cette gauche en voie de décomposition. C'est aussi dans le sillage de cette vulgate qu'a commencé à prédominer, depuis une vingtaine d'années, un certain nombre de thèses connexes, elles-mêmes suicidaires : l'idée que les droits de l'homme perpétueraient la domination de la femme. Qu'il serait plus convenable de parler de « droits humains » pour faire comprendre aux ultimes récalcitrants encore attachés à un universalisme passé de mode que les droits de l'homme ne sont jamais qu'une invention occidentale, donc particulière et intrinsèquement impérialiste. On se souvient à cet égard du scandale provoqué par la déclaration d'un ministre de l'Intérieur avouant croire, à l'aube des

68. Bernard-Henri Lévy, *Ce grand cadavre à la renverse*, Paris, Grasset, 2007, p. 210-211.

années 2010, en la « supériorité de la civilisation occidentale ». Le terme était mal choisi, mais on ne s'attend pas non plus à ce que le premier flic de France brille par sa culture philosophique ou sa finesse conceptuelle.

Il est incontestable que l'humanisme du XVIIIe siècle avait largement légitimité la conquête coloniale, Tocqueville en tête. À l'époque de la décolonisation, on comprend donc que la critique d'une philosophie sur ce point insuffisante – critique notamment portée par l'anthropologie structurale de Claude Lévi-Strauss – ait contribué à jeter l'opprobre sur les Lumières en général. Jusque dans les années 1960, le traumatisme des camps de concentration aidant, le marxisme pouvait ainsi apparaître à beaucoup comme la seule vision du monde à n'être pas suspecte de compromission avec le nazisme et le colonialisme. Mais nous n'en sommes plus là, la critique des divers dévoiements de l'idéologie des Lumières représentant un pan entier de la philosophie occidentale. Et que l'on sache, l'idée selon laquelle la culture européenne a ceci d'unique qu'elle a érigé en vertu l'esprit critique, que cet esprit est ce qui fonde son « identité », n'a rien de potentiellement… fasciste. C'est même cette spécificité qui lui a permis, au XXe siècle, de surmonter la barbarie totalitaire.

Qu'est-ce que l'Europe, sinon une culture de la mise à distance de soi, du questionnement et de la confrontation à sa propre histoire ? Une culture qui, depuis le siècle des Lumières, valorise l'arrachement à soi et la sortie de « l'état de minorité ». D'où l'importance qu'elle accorde – ou accordait – à l'éducation, par quoi les individus sont censés s'élever au-dessus des codes propres à leur groupe d'appartenance pour accéder, selon la belle expression de l'écrivain anglo-indien V. S. Naipaul, à une *pensée élargie*. En cela, l'identité européenne (ou occidentale) est consubstantielle à l'idée de liberté. L'universalité étant à l'horizon d'un tel arrachement, il faudra en passer par l'étude et les œuvres, par l'intersubjectivité, la confrontation des points de vue et la délibération avec autrui. À suivre nos penchants particuliers, il est en effet probable que le bien commun pourrait attendre longtemps avant que nous ne daignons considérer sa seule existence. En cela, l'humanisme européen se caractérise par le refus d'enfermer l'homme dans quelque définition naturelle, historique ou sociale. En un mot, et comme le soutenait Sartre – pas vraiment un penseur de droite – dans *L'Existentialisme est un humanisme* (1970), « l'existence précède l'essence ». En clair, l'être humain est un être de liberté, capable de s'inventer lui-même, d'échapper à toute assignation et de s'émanciper des multiples déterminations qui menacent de l'emprisonner. Voilà à peu près ce que voulait dire, avec maladresse, le ministre.

A-t-on par ailleurs conscience de la dimension tout à fait creuse de la rhétorique anticolonialiste appliquée aux pays arabes ? En Afrique du Nord comme au Moyen-Orient, ce sont les Arabes qui ont colonisé ces régions à partir du VIIe siècle. Quant aux premiers « colonisateurs » non arabes, ils n'étaient pas européens mais musulmans (les Turcs seldjuks puis les ottomans). L'Irak est resté sous domination turque pendant cinq siècles (contre quarante ans sous protectorat britannique). Faire comme si les peuples musulmans n'avaient aucune responsabilité dans leur histoire et n'avaient fait que subir passivement ce que les Occidentaux leur ont imposé, relève de la mystification.

Le prix exorbitant du multiculturalisme

Depuis plus de deux décennies, une certaine gauche a largement abandonné le combat pour l'égalité des droits individuels au profit de la défense du droit à la différence, d'un multiculturalisme ordonné à l'idéal d'authenticité et, de là, à la promotion des particularismes. Cette tendance, qui a trouvé une nouvelle jeunesse après la chute du mur de Berlin avec l'émergence du débat entre libéraux et « communautariens », se caractérise par une vision du monde qui tend, *grosso modo*, à subordonner l'individu à son groupe culturel. Elle revient du même coup à ruiner la branche sur laquelle la pensée de gauche – la mienne – est ou devrait rester assise : la pensée des Lumières. Or, c'est aussi au cours de cette décennie que le communautarisme s'est durci et que les courants les plus obscurantistes de l'islam ont commencé à séduire un nombre croissant de sujets, y compris en Europe. Ce sont ces deux évolutions parallèles qui nous reviennent aujourd'hui de plein fouet. Dans un livre d'entretiens avec Nicolas Weill, intitulé *Histoire et Lumières. Changer le monde par la raison*, lui aussi publié au printemps 2014, décidément…, le grand historien des idées israélien Zeev Sternhell, spécialiste de Maurice Barrès et des anti-Lumières, par ailleurs membre fondateur du mouvement La Paix maintenant *(Shalom Arshav)* – un homme de gauche conséquent, donc –, mettait en évidence les risques induits par cette dérive. « L'engouement postmoderniste pour le multiculturalisme et la différenciation culturelle a joué un rôle de tout premier plan dans l'affaiblissement des valeurs universelles[69]. » Le prix très élevé du différentialisme est apparu depuis peu, mais aujourd'hui, poursuit Sternhell, il ne saurait nous échapper : « Au XXe siècle, le culte de la différence a élevé la communauté au-dessus de l'individu et fait de la société fermée protégeant jalousement son héritage l'idéal opposé au cosmopolitisme des Lumières[70]. »

Dans la décennie 1990 et à la faveur de la réunification du Vieux Continent, nous avons été nombreux, sur la scène intellectuelle, à nous intéresser de près aux enjeux soulevés par la querelle entre libéraux et communautariens. Ce courant, né en Amérique du Nord et théorisé par des penseurs comme Charles Taylor au Québec ou Michael Walzer aux États-Unis, pour ne citer que les plus brillants et les plus modérés d'entre eux, rejouait en partie l'ancienne confrontation entre romantiques et *Aufklärer* (tenants des Lumières). Pour les communautariens, en effet, l'être humain n'est vraiment humain qu'en tant que membre d'une communauté *(Gemeinshaft)*. Le communisme, dont on venait de sortir, nous avait montré à quoi peuvent mener les illusions de la table rase qui instituent le peuple en posture de fondement absolu. Pour les libéraux, l'*humanitas* de l'homme se définit moins par l'enracinement ou l'héritage que par l'arrachement[71]. De là, deux variantes : la variante radicalisée selon laquelle l'homme n'accède à son humanité

69. Zeev Sternhell, *Histoire et Lumières. Changer le monde par la raison*, entretiens avec Nicolas Weill, Paris, Albin Michel, 2014, p. 233.
70. *Ibid.*, p. 235.
71. L'ouvrage qui, de loin, éclaire le mieux ces enjeux est sans doute celui du philosophe Robert Legros, *L'Idée d'humanité*, Paris, « Le Collège de philosophie », Grasset, 1990.

qu'en reniant toute culture, tout passé, toute appartenance ; ou la variante raisonnable pour qui c'est par sa capacité à ne pas se laisser *enfermer* dans une détermination particulière qu'il accède à son humanité. On retrouve ici le geste kantien d'une abstraction par rapport à la communauté d'origine, d'où la notion d'humanisme *abstrait*.

Le courant dit communautarien entendait ainsi pointer les méfaits d'un universalisme qui, repoussant tout ancrage socio-historique concret, s'installait résolument sur un terrain impersonnel. Il plaidait en faveur d'une prise en compte accrue des identités au motif que les individus sont *toujours-déjà* insérés dans une culture donnée. L'objectif : réfléchir aux contours que devrait prendre une société pour assurer à l'ensemble de ses membres les conditions d'une « vie bonne » et épanouie. Or, avancent les communautariens, les hommes doivent certes pouvoir bénéficier d'une reconnaissance juridico-politique, mais ils ont aussi besoin de jouir d'une considération morale qui leur permette de se rapporter de façon positive aux qualités qui dérivent de leur identité spécifique, argumente par exemple, dans *La Lutte pour la reconnaissance*, le philosophe Axel Honneth, qui a succédé à Jürgen Habermas à la tête de l'École de Francfort[72].

---

72. Axel Honneth, *La Lutte pour la reconnaissance*, Paris, « Passages », Éditions du Cerf, traduit de l'allemand par Pierre Rush, 2000. Voir notre grand entretien avec celui-ci à Francfort, « Sans la reconnaissance, l'individu ne peut se penser en sujet de sa propre vie », dans *Philosophie magazine*, n° 5, décembre 2006.

En quête d'une modernité moins arrogante après 1989

Avec la fin de la division de l'Europe, se disait-on, le temps était venu de se mettre en quête d'un « universalisme pluriel » (Pierre Hassner) ou d'une modernité moins arrogante[73]. Cette perspective s'adossait à trois phénomènes : la redécouverte des petites nations d'Europe centrale après 1989 et l'espoir qu'elles pourraient être porteuses d'une modernité moins radicalement technicienne que la nôtre ; le problème posé par le respect des droits dus à leurs minorités nationales, longtemps bafoués ; et, enfin, la question, à l'Ouest, d'une meilleure prise en charge des populations issues de l'immigration. Dans *Critique de la modernité* (1992), Alain Touraine formulait assez fidèlement l'état d'esprit du moment en ces termes : « Si nous ne parvenons pas à définir une autre conception de la modernité, moins orgueilleuse que celle des Lumières, mais capable de résister à la diversité absolue des cultures et des individus, nous entrerons dans des tempêtes encore plus violentes que celles qui ont accompagné la chute des Anciens Régimes et l'industrialisation[74] », avertissait le sociologue, inquiet devant la perspective d'un éclatement de la modernité à travers une opposition de plus en plus frontale entre mondialisme (l'ancêtre lexical de la « mondialisation ») et culturalisme. Comment articuler à nouveaux frais le besoin de reconnaissance de chacun, y compris dans son identité culturelle, et le souci de la règle commune ?

---

73. Voir, entre autres, le volume collectif dirigé par Jacques Lenoble et Nicole Dewandre, *L'Europe au soir du siècle*, Paris, Éditions Esprit, 1992.
74. Alain Touraine, *Critique de la modernité*, Paris, Fayard, 1992, p. 231.

Entre le poids de l'être et l'envol du sujet, le XXe nous avait appris que nous ne sommes pas obligés de choisir. Mieux : que vouloir ainsi trancher dans le vif de la condition humaine mène toujours au pire. Un point de vue que résumait bien, en novembre 1994, un éditorial de la revue *Esprit* intitulé « Vigilance(s) démocratique(s) » : « Peut-on se satisfaire, sur la question des identités, singulières ou collectives, culturelles ou politiques, d'une vulgate qui proclame à tous crins l'universalisme le plus désincarné ? Sommes-nous condamnés à devoir choisir entre l'universel et la pluralité ? » Dès 1954, le poète portugais Miguel Torga avait déjà énoncé cette position de principe dans une proposition lumineuse : « L'universel, c'est le local moins les murs. » En refusant la dissociation du politique et du culturel, de la rationalité et de l'identité, de l'être et de l'agir, la quête des années 1990 visait une troisième voie entre un néolibéralisme uniformisateur et un néocommunautarisme intolérant. Le point de départ de ces interrogations était certainement le bon, à savoir qu'à renverser la définition de Miguel Torga, on obtenait la formule du grand défi de l'après-1989 : l'universel moins le local, c'est le mur ! Tout se passait comme si un clivage fracturant cette fois à l'horizontale l'ensemble des nations du Vieux Continent s'était substitué au rideau de fer. Le mur s'étant déplacé, il s'agissait de réfléchir aux moyens de surmonter cette redoutable opposition du marché (l'universel moins le local) et du ghetto (le local plus les murs) où, à l'Est comme à l'Ouest, de nombreux clercs redoutaient de voir sombrer l'espérance démocratique. D'un côté, nous avions l'objectif, un monde qui s'uniformisait, une rationalité économique et instrumentale de plus en plus lointaine et abstraite.

De l'autre, le subjectif, des identités en souffrance, des communautés livrées à elles-mêmes et tendant à régresser vers l'ethnocentrisme.

Devant une Europe prise en étau entre ces deux faces de la modernité en crise, ce n'est pas un hasard si, parmi ceux qui exprimaient leur inquiétude, on retrouvait nombre d'anciens dissidents. Ceux-là mêmes qui, depuis les années 1970, dénonçaient, à propos de la dictature communiste mais aussi, plus largement, à propos de la domination anonyme du marché, la fiction d'un savoir objectif séparé du monde concret de l'homme et de son expérience vécue. Il y va, rien de moins, « de l'avenir de nos nations », estimait Adam Michnik dans *Le Monde* du 14 janvier 1994. « Les uns mettent en garde contre la pernicieuse étroitesse du particularisme national. Les autres craignent de perdre leur singularité dans le creuset d'une Europe sans frontières ; ils ont peur d'une bureaucratie bruxelloise cosmopolite et de la culture desséchante des dessins animés américains. Y a-t-il une solution à ce dilemme ? » À moins que l'essentiel, comme le suggérait Michnik, ne se jouât dans l'impératif d'une révision du paradigme moderniste. Un consensus paraissait se former autour de la nécessaire invention d'une autre modernité, moins restrictive, moins économiste, moins volontariste, d'un modèle qui fasse droit à la pluralité des identités et des héritages dans les limites de l'exigence d'universalité.

C'est donc dans l'horizon de cette problématique que certains intellectuels se tournaient vers l'expérience de l'autre Europe. L'attention se portait sur certaines formes de valorisation de l'appartenance nationale qui, loin de toute crispation xénophobe, semblaient au contraire en appeler à la prise en charge civique d'une communauté de destin. La promesse portée par l'antimodernisme de l'Est était un thème en vogue. « Ce qu'il y a de moins moderne dans l'Europe de l'Est sera utile à l'Ouest demain quand il s'agira, par l'unification politique, d'abandonner le paradigme moderniste », relevait, entre autres, le sociologue Dominique Wolton dans un ouvrage de 1993 significativement intitulé *La Dernière Utopie : naissance de l'Europe démocratique*. L'individu ne se dérobe-t-il pas à sa responsabilité pour le monde dès lors qu'il consent à son abaissement au rang de consommateur (démission ultralibérale), mais dès lors aussi qu'il se refuse symétriquement à problématiser son identité en la soumettant au travail du politique et de la critique (démission communautariste) ? Les thèses du philosophe croate Dražen Katunarić, une des plus brillantes intelligences du pays, étaient représentatives de cette vision. Son propos s'organisait autour de l'opposition entre « l'utopie grand-européenne » et « le nationalisme des petites nations ». Ici, une vision de l'Europe en termes d'expansion du marché, animée par un programme d'uniformisation sociale par définition anational, voire antinational. Là, un retour opéré, après la chute du communisme, à la nation, à la mémoire, à la tradition, à la religion, à la substance, bref « à toutes ces notions "métaphysiques" que l'on croyait creuses et définitivement dépassées », écrivait-il en 1992 dans la revue annuelle *Le Messager européen*, publiée à Paris. On trouvait, associée à cette analyse, une herméneutique de la position nationale à l'Est comme position de résistance aux normes et contraintes d'un ordre technico-social censé régir la vie quotidienne, mais aussi comme « bouclier » face à la standardisation des consciences. Soit la petite nation érigée en possible gardienne d'un universalisme européen pluriel.

Le face-à-face imprévu du marché et du ghetto

Cette aspiration à surmonter la mauvaise dialectique du marché et du ghetto, du mondial et du local, ce scénario idéal alliant le goût de la liberté et l'épanouissement des identités se sont révélés un peu trop optimistes. Le désir de faire rentrer la Raison dans ses gonds a été rattrapé par la mondialisation, par la résurgence de nationalismes est-européens obtus et, à l'Ouest, par la montée de l'islamisme. Soucieux de nos minorités parce que de gauche, nous plaidions dans la décennie 1990 pour que nos sociétés se montrent plus attentives aux effets négatifs engendrés par la dépréciation de certains modèles culturels de réalisation de soi. De gauche, mais cohérents, on y mettait bien sûr la condition que l'universel et le respect des droits de l'homme comme de la femme priment toujours sur le particulier en cas de tension entre ces deux pôles. Nous ne voyions pas qu'en Europe, la radicalisation d'une religion auparavant paisible était en train de rendre cette vision utopique. Changement de décor : l'islam des immigrés récents comme celui des enfants des travailleurs maghrébins installés en Europe dans les années 1960 n'était plus le même. Chez les parents, le choc du dépaysement, l'éclatement des repères traditionnels, le fait d'être parqués dans de grands ensembles, l'atteinte à la figure du père, au chômage ou amputé de son autorité par le fait de sombrer dans l'assistanat – tout cela a contribué à enrayer, au sein des familles, les mécanismes de transmission. Les nouvelles générations en ont souvent conservé une forte amertume. Au lieu de s'atteler au problème et d'envoyer des assistantes sociales soutenir ces parents en détresse, gauche et droite ont opté pour la politique du chèque (allocations) et pour celle de l'autruche face aux trafics. Une manière d'acheter la paix sociale dans les « quartiers ».

Les années 2000 portent la marque de cette évolution. En parallèle, les familles monoparentales vont se multiplier (une sur quatre en banlieue aujourd'hui) et l'adhésion revancharde de certains jeunes à un islam de rupture – qui s'est lui aussi globalisé – va leur permettre de conférer un sens à la violence dont ils sont porteurs, surtout chez ceux qui naviguent à la marge entre échec scolaire, délinquance et séjours en prison. Vécue au quotidien et sur la durée, cette évolution est frappante en Seine-Saint-Denis : il y a dix ans, nous ne connaissions que des Beurs et des Beurettes qui, eux-mêmes, se définissaient ainsi. Aujourd'hui, la référence à un islam contre-culturel plus ou moins agressif et provocateur est devenue centrale.

L'humanisme abstrait, un moindre mal

En théorie, il s'agissait d'échapper au face-à-face mortifère du marché et du ghetto. La pratique nous a apporté l'inverse : nous nous sommes retrouvés avec un particularisme et un universalisme aussi pauvres et dévoyés l'un que l'autre. Nous n'avions pas prévu que la décennie 2000 serait marquée par les contre-performances du modèle multiculturaliste (Grande-Bretagne, Pays-Bas) et par celles de politiques d'immigration mal maîtrisées. D'où un multiculturalisme *de facto* souvent bricolé dans l'urgence, auquel les Européens n'avaient pas été préparés.

Cette double évolution incitera de nombreux intellectuels à revenir au bon vieux principe de l'humanisme abstrait issu de la Déclaration des droits de l'homme et du citoyen de 1793. Un principe, le même pour tous, qui stipule que l'être humain possède des droits et une dignité *abstraction faite* de toute appartenance communautaire, religieuse, culturelle ou linguistique. À l'usage, le seul modèle praticable, sauf à tomber dans les travers de la discrimination positive et des quotas qui reviennent à traiter les membres des minorités visibles comme des handicapés. Du reste, la République n'oppresse ni les appartenances culturelles ni la pratique religieuse, qu'elle protège au contraire pourvu que les individus les contiennent dans les limites du respect de l'autre et de la loi. La République n'en demeure pas moins rivée à l'idée que l'être humain doit être respecté, non pas en tant que membre d'une communauté spécifique, mais en tant que représentant du genre humain. L'historien Zeev Sternhell entend lui aussi s'en tenir à ce principe. D'un livre à l'autre, il n'a même cessé de démontrer que la thèse d'une relativité des valeurs a toujours constitué un aspect capital de la critique des Lumières et qu'elle a fait d'énormes ravages. D'où le caractère paradoxal du relativisme préconisé par tout un pan de la gauche contemporaine.

Zeev Sternhell et Nicolas Weill seraient-ils à leur tour devenus « fascistes », voire « islamophobes » ? Difficile à soutenir… Il faudrait poser la question à nos bien-pensants qui, en toute inconsistance, ne se la poseront pas. Trop compliqué, trop déstabilisant. Trop désagréable, peut-être, car cela impliquerait que l'on dise adieu aux années 1960 et 1970, c'est-à-dire au lyrisme de sa jeunesse. Et admettre, dans un souci de cohérence, qu'exalter chez les autres un enfermement identitaire qu'on condamne chez soi ne revient pas à respecter leur spécificité, mais plutôt à mépriser leur humanité. Ne pas percevoir ce hiatus est tragique. Dans cette perspective, l'Europe se devrait de s'effacer pour assurer le libre déploiement d'identités mises à mal par son histoire coloniale. Et ce, y compris quand elles se font oppressives pour leurs membres ou porteuses de stéréotypes rétrogrades et judéophobes, le cas échéant meurtriers. C'est cette terrible indulgence qui, avant la tuerie perpétrée à *Charlie Hebdo*, avait conduit certains à se désolidariser de l'hebdomadaire qui, en février 2006, avait eu le courage de reproduire les caricatures du journal danois *Jyllands-Posten*, avec cette « une » qui montrait un Mahomet disant « C'est dur d'être aimé par des cons », à savoir des intégristes. Un manifeste des douze était publié dans le numéro suivant pour dénoncer l'islamisme. À l'époque, le déni du phénomène était tel, en France, que la Ligue des droits de l'homme, entre autres, s'était empressée de condamner ce manifeste pour cause de diabolisation de l'islam. Les mêmes, en revanche, ne trouvaient rien à redire au fait que la presse arabe caricaturait et continue de caricaturer tous les jours les Israéliens en train de sacrifier des bébés palestiniens avec des haches en forme de croix gammées. Pour ne rien dire du concours annuel, en Iran, de dessins humoristiques sur la Shoah.

Pour reconstruire une Europe enfin réunifiée sur des fondements plus solides, nous avions rêvé, au soir du siècle, de combattre de front les démons de l'universel et les démons de l'identité. Nous voulions réassocier la cause de la lutte contre le racisme et contre la xénophobie en général à la cause de la lutte contre l'antisémitisme. Or, voilà que la judéophobie avait en partie usurpé le visage d'un antiracisme devenu fou et aveugle devant la montée de l'islam radical.

CHAPITRE 6

La spirale du déni

Contre toute attente, la tragédie de janvier 2015 n'aura pas réussi à enrayer l'extravagante spirale dénégatrice où s'enfonce une partie de la doxa bien-pensante. Plus le « grand récit » politiquement correct se révèle à côté des clous, plus il faudra le maintenir coûte que coûte. Plus les faits démentent la grille de lecture structurée autour du clivage entre dominants et dominés, plus il conviendra d'interdire au réel toute incursion dans l'univers de nos croyances idéologiques. Une dérive islamiste dans les années 2000-2015 ? Sans doute êtes-vous infecté à votre insu par le virus frontiste pour oser pareil constat, peu importe que le phénomène n'ait cessé de progresser à vue d'œil. Le temps ne serait-il pas venu de faire place à un monde plus complexe où il se pourrait que les individus aient quelque responsabilité dans les choix qu'ils opèrent, fussent-ils chômeurs, précaires ou issus de la diversité ? « Changer de lunettes » et éventuellement de compas, suggère l'artiste Ariane Littman[75]. Cette révolution-là

75. Pour les nombreux textes et les créations consacrés à cette question par l'artiste israélienne, voir son site internet : http://ariane-littman.com

pouvait – et, à l'évidence, peut toujours – attendre. Il est préférable de prendre le réel pour l'idéal et d'ainsi trahir les deux à la fois.

Bien-pensance : s'y tenir d'autant plus qu'elle s'écroule

Depuis quand les terroristes jusque-là actifs dans nos pays sont-ils des victimes alors que la majorité d'entre eux étaient intégrés à la société occidentale au moment où ils ont commis leurs attentats ? Une enquête de 2005 réalisée par le Foreign Policy Research Institute montrait que sur quatre cents membres d'al-Qaïda, 63 % avaient achevé leurs études secondaires, les trois-quarts étant issus de classes élevées ou moyennes et la même proportion étant formée d'universitaires (ingénieurs, architectes, etc.). Des opprimés ? La plupart des djihadistes sont de purs produits du monde globalisé qu'ils combattent. Dans un genre différent, ce n'est pas du tréfonds de leur désespérance ou de leur noire misère que des milliers d'individus ont hurlé leur haine des Juifs et d'Israël tout au long de l'été 2014. Amedy Coulibaly, lui, travaillait chez Coca-Cola et passait ses vacances au soleil, en République dominicaine. Mohamed Merah était un jeune des quartiers, mais il en va de même pour Abdelghani, son frère aîné. Il prendra la peine d'écrire un livre avec l'aide de Mohamed Sifaoui, un intellectuel d'origine algérienne parmi les plus courageux que nous ayons en France, pour dire la honte que lui inspire ce massacreur d'enfants né du même sang que lui. Contre son clan familial, il entendait dès 2012 sensibiliser la société aux « dangers de l'intégrisme » et répondre à « l'hydre fondamentaliste » par des

« valeurs humanistes[76] ». On n'en aura pas fait grand cas.

Selon cette grille, que faire encore des trois soldats assassinés de sang-froid à Toulouse et Montauban, eux aussi musulmans, issus de parents immigrés, enfants des cités et de milieux défavorisés ? Cette condition ne les a pas empêchés de faire la fierté de leur famille et de servir les couleurs de la République. Ils ont choisi en hommes libres et responsables, en *sujets* qui auraient assez mal supporté qu'on les traite en marionnettes *assujetties* à leurs déterminismes sociaux, religieux ou culturels. Ainsi que l'affirme Latifa Ibn Ziaten, la mère du soldat Imad : « Ce n'est pas parce qu'on souffre qu'on doit devenir terroriste. Il faut se battre loyalement pour faire sa place : poursuivre ses études, trouver des stages, respecter ses professeurs. Il faut demander de l'aide si on en a besoin. C'est dur. Mais quand on veut, on peut [...]. Mon fils était un garçon chaleureux, ambitieux, fier de servir son pays », expliquait-elle au quotidien *Ouest France*. Cette mère franco-marocaine montre que l'on peut éduquer ses enfants et en faire des citoyens français exemplaires sans pour autant les inciter à renier leurs origines[77]. Dans cette histoire-là en particulier, la sociologie de l'excuse confine à l'indécence. Mais c'est justement parce qu'elle ne tient plus et frappe désormais par sa dimension caricaturale qu'il faudra *s'y tenir d'autant plus qu'elle s'écroule*. Car sinon, qui l'étayera plus longtemps ? Quand un modèle explicatif n'explique plus rien,

---

76. Abdelghani Merah (avec Mohamed Sifaoui), *Mon frère, ce terroriste*, Paris, Calmann-Lévy, 2012.
77. Voir son beau livre, *Mort pour la France*, Paris, Flammarion, 2013.

il faut pousser le raisonnement un cran plus loin et inverser la charge si possible.

Fuites en avant

Cette fuite en avant possède sa rationalité, bien connue de la psychologie sociale : un discours apparaîtra d'autant plus fiable et vraisemblable que les locuteurs qui le *soutiennent* sont nombreux, se recoupent et se recopient les uns les autres. Si les événements ainsi décrits ne semblent pas correspondre au récit qui en est fait, si la véracité de celui-ci apparaît de plus en plus discutable, cette dissonance pourra être résolue en jouant sur deux registres : soit en frappant d'anathème la discussion même, soit en comptant sur un effet de chœur et de répétition, ces deux registres n'étant pas incompatibles. C'est ce que l'on appelle aujourd'hui le discours *politiquement correct* ou encore la bien-pensance, la correction et la bonne pensée se mesurant à leur caractère conforme.

Mais *conforme* à quoi ? Avant tout à une vision du monde qui, en Europe, s'enracine dans le corpus idéologique des années 1960-1970 organisé autour de l'opposition binaire entre oppresseurs et opprimés, entre le Nord et le Sud, les Blancs et les peuples du tiers-monde, les colonisateurs et les colonisés, les capitalistes et les prolétaires, les exploiteurs et les exploités. C'est justement cette narration *(narrative)* qui a volé en éclats avec la mondialisation. Résultat inattendu : elle a connu un vrai retour en grâce et un certain nombre de variations nouvelles. On aura d'une part les « souchiens », autrement dit les abominables autochtones, et de l'autre les indigènes ; la droite cynique et la gauche morale ; les inclus et les exclus ; les suppôts de la globalisation ultralibérale et les bons altermondialistes ; ceux qui osent encore se réclamer d'une « identité nationale » aussi ouverte ou civique soit-elle – on se demande bien de quel droit –, et les populations discriminées qui, elles, peuvent se permettre toutes les crispations identitaires, dont une incivilité qu'on ne tolérerait pas chez nos enfants. On aura d'un côté les assimilationalistes ou les intégrationnistes, qu'on accusera de ne souffrir ni les étrangers ni la mixité ni le métissage, et les inclusifs de l'autre (on arrive avec son bagage culturel et on entend le faire respecter où que l'on soit) ; les porte-parole d'une stricte laïcité et ceux d'une laïcité « ouverte ».

Où placer, dans ce tableau, les puissances émergentes telles la Chine, l'Inde ou le Brésil, avides d'adopter un modèle consumériste tant conspué dans les années 1960, ce à quoi elles s'emploient à un rythme accéléré ? Problème. Et les mafias exploitant sans vergogne leurs concitoyens, à moins qu'il ne s'agisse d'enfants en bas âge convoyés pour travailler clandestinement comme esclaves en Europe ? Autre problème, surtout quand ces mafieux se trouvent éventuellement être d'origine rom et collent mal à l'image folklorique qu'on peut se faire des Tziganes « poètes de grand chemin ». Non pas, bien sûr, que les Roms n'en soient pas honteusement réduits au statut de parias en Europe. Et quand un maire centriste ose affirmer qu'Hitler « n'en a peut-être pas tué assez » (il sera aussitôt exclu de son parti), on se prend à se demander où s'arrêtera cette spirale infernale de la parole « libérée ».

Ces propos odieux n'enlèvent rien à l'inanité du catéchisme binaire. Lors de la retentissante affaire

Leonarda, l'histoire de cette jeune fille expulsée vers le Kosovo à l'automne 2013, il fallait entendre les gitans du 93 fulminer contre le père pour comprendre que tout le Bien ne saurait être basculé d'un seul côté, tout le Mal de l'autre. Reshat Dibrani est en effet un homme délicieux : non content d'être un délinquant ordinaire, de battre ses deux filles (sa femme avait porté plainte pour violences physiques en janvier 2013) et de frauder les allocations, il avait admis avoir brûlé son permis de séjour en Italie (ainsi que celui de sa femme) et menti aux autorités françaises sur le statut de sa famille pour obtenir l'asile[78]. Sans doute les « déshérités » ne peuvent-ils pas faire autrement. La France-patrie-des-droits-de-l'homme s'est donc indignée : cinquante lycées seront bloqués et quelque cinq mille manifestants descendront dans la rue, beaucoup plus nombreux que pour protester contre les crimes de Merah. Des députés Vert seront, eux, témoins d'une « rafle ». Quant aux sociologues, ils tendront à y voir la preuve de la « droitisation » de la classe politique française, en particulier du Parti socialiste. Une fois de plus, on se frotte les yeux. Combien de voix, d'un coup d'un seul, cette folie collective a-t-elle rapporté au Front national ? Les Tziganes de Saint-Ouen rêvaient pour leur part d'administrer une correction à ce monsieur Dibrani contre lequel ils n'avaient pas de mots assez durs tant ce genre d'individu fait du tort à leur communauté. La plupart étaient parfaitement conscients que son cas traduit un échec à trois niveaux : échec des politiques de coopération avec les pays d'origine

78. Précisons ici que les demandes d'asile en France (60000 demandeurs par an en moyenne) ont explosé entre 2007 et 2012, avec une augmentation de 72 %.

des demandeurs d'asile ; échec de la surveillance aux frontières ; échec dans les délais de prise en charge des demandeurs qui, en attendant, bénéficient de prestations sociales, pour le plus grand bonheur du Front national.

Des sociologues « bouffons » en banlieue

Quand, intrépides, les sociologues entreprennent de passer la frontière du périphérique Nord pour aller faire du « terrain », ce sera d'abord pour montrer à quel point la crainte de voir se propager un islam identitaire en banlieue relèverait du fantasme malveillant. Et si une raie de réel parvenait jusqu'à leur entendement, la plupart de nos spécialistes n'oublieront pas d'en rendre responsable la société environnante. En arborant voiles, burqas ou tenues salafistes, les hommes et femmes réislamisés à l'identité « plurielle » chercheraient à surmonter la nostalgie de leur pays d'origine – y compris, à les suivre, les Beurs et Beurettes nés dans l'Hexagone ? Singulier raisonnement. Et les Frères muz', comme on les appelle dans le 9-3, que font-ils quand ils rapportent à la mosquée du coin un nouveau client prêt à se convertir moyennant quelques centaines d'euros par tête ? Sans doute s'efforcent-ils de répondre à un douloureux sentiment de rejet de la part d'une France qui ne cesse de leur infliger de terribles vexations au quotidien. Si seulement ces sociologues savaient l'hilarité qu'ils suscitent dans les cités où on les qualifie aimablement de « bouffons » aussitôt repartis vers le centre de Paris, carnet de notes sous le bras. C'est qu'ils manquent l'*after* et ne soupçonnent pas à quel point les jeunes qu'ils interrogent sont, pour les plus malins d'entre eux, au fait du discours qu'il convient de leur tenir. Ce pourquoi ils leur servent, avec un cynisme souvent assez maîtrisé, ce qu'ils souhaitent entendre. Ces dealers de shit expérimentés, gagnant déjà dix fois plus à 16 ou 17 ans qu'un chercheur du CNRS en fin de carrière, savent décliner leur catéchisme à la perfection et dans l'entre-soi de la cité, on s'en vante volontiers après coup.

Tableau classique. On racontera un parcours scolaire accidenté en raison de difficultés familiales – en vérité, Malik a largué le collège à 12-13 ans par paresse et pour faire « guetteur », ce qui rapportait plus que les devoirs, au désespoir de ses parents. Il est le premier à le reconnaître et à le regretter aujourd'hui. Suivra le couplet sur la recherche éperdue d'un emploi, sur les discriminations et la difficulté à obtenir des aides permettant de conserver une bonne estime de soi – surtout quand ces jeunes n'ont jamais rédigé un CV, jamais envisagé de travailler et que la plupart « truandent » le RSA, qu'ils épargnent en général à la banque (de l'argent propre), ce dont ils tirent une certaine fierté. Ce couplet-là, sur l'estime de soi et la désespérance du jeune chômeur, les sociologues adorent, observent, amusés, les jeunes du « marché aux stups » de Saint-Ouen. Ces derniers temps, deux partitions particulièrement prisées remportent les suffrages et suscitent d'interminables fous rires : celle sur les discriminations « post-coloniales » auxquelles ils seraient en proie (« Trop fort ! »). Ou encore la brillante idée, chère à certains sociologues, selon laquelle ces jeunes délinquants assumés souffriraient d'une « citoyenneté inachevée », une notion qui rencontre un franc succès (« Ils ont fumé, tes potes ? »). Karim, 26 ans, trouve cette idée absurde :

« La barrière qui m'incite à ne pas aller voter ou qui m'empêche de passer le périphérique et d'emmener mes gosses visiter un musée à Paris n'existe que dans ma tête, nulle part ailleurs. »

On pourrait multiplier les exemples, y compris à droite. Ainsi de la thématique d'un « racisme anti-Blanc » se propageant dans nos périphéries. Il serait parfois bon de s'aventurer hors de Neuilly ou du XVIe arrondissement quand on prétend s'exprimer sur ces questions. On s'apercevrait que si ce type de racisme peut exister à la marge et l'insulte « sale Blanc » fuser à l'occasion, là n'est pas le cœur du problème. Pourvu que l'on adopte les codes de rigueur, comportementaux, langagiers ou vestimentaires, rares sont ceux, fussent-ils descendants d'Auvergnats sur trois générations, petits-fils de maçon portugais ou Juifs d'origine tunisienne, qui rencontrent des difficultés d'intégration dans leur cité au motif qu'ils auraient la peau un peu trop blanche. Que nous ayons assisté à un véritable *White fly*, en France comme ailleurs, est indubitable : excédés par l'insécurité, les « Blancs » mais pas seulement, finissent par quitter ces « zones sensibles » – à commencer par les journalistes « de gauche ». Près des Puces de Clignancourt, ils étaient une bonne vingtaine à s'y être acheté des lofts il y a une dizaine d'années. Ils ont tous déménagé sans états d'âme dès que leurs enfants ont été en âge d'aller au collège, peu disposés à sacrifier leur avenir sur l'autel de leurs généreuses convictions. Mixité sociale, « politique de repeuplement »… D'autres parents, issus de la diversité, se serrent héroïquement la ceinture pour scolariser leur progéniture dans le privé. Et l'on feindra de se demander en 2015, avec toute la gravité requise, comment pareils ghettos ont pu se constituer.

Confronter le petit monde parisien et l'univers de la banlieue est très instructif. Surtout quand on sort d'une conférence de rédaction ou d'une réunion entre chercheurs, et que l'on s'attarde, en rentrant chez soi, pour discuter avec la bande du coin éternellement occupée à tenir le mur, à discuter des prochains « biz » ou à écouler ses barrettes de hash auprès des enfants de bobos. La face beaucoup plus sombre, que les mêmes sociologues ne saisissent toujours pas, tient à ce que ces jeunes pataugent dans un monde où l'islam identitaire et la bouillie haineuse qui l'accompagne font office de contre-culture, l'essentiel étant de se réclamer de la valeur contraire. Le djihadisme, les prières de rue et le voile intégral dérangent ? On « kiffe » et on « nike ta mère ». Se revendiquer de l'islam relève du référent contestataire. Apprécier les exploits guerriers de Daesh ou les nier en bloc (complot judéo-médiatique) est désormais une mode, au même titre qu'une marque de baskets ou que la dernière tablette électronique disponible sur le marché.

Tous ceux qui s'efforcent concrètement d'aider ces jeunes le savent et s'en désolent. Le basculement dans un radicalisme violent peut s'opérer très vite, pour peu qu'ils cherchent à un moment donné une sortie de secours et tombent sur des islamistes qui les persuadent d'agir pour une noble cause. Il en va de même chez les convertis qui ont souvent des comptes à régler avec la société, d'où leur quête d'une communauté « chaude » où l'on s'intéressera à eux. En règle générale, ils ne veulent ni approfondir leur foi, ni « assumer leur liberté », estime le recteur de la mosquée de Bordeaux. « Ils sont à la recherche d'un discours qui leur demande juste d'accomplir tel ou tel geste pour être de bons musulmans. » À l'ère du zapping et de la consommation individuelle, ils trouvent aussi cette rhétorique sur des sites Internet adaptés à leurs attentes rebelles et qui produisent de sérieux dégâts chez ces esprits fragiles. « Il va sans dire », poursuit Tareq Oubrou, « que pour eux, un imam reconnu par la société, engagé de surcroît dans le dialogue inter-religieux, se place du côté des institutions au même titre que l'enseignant ou le policier. Le mot "intégration" agit comme un repoussoir. On ne peut surtout pas le prononcer devant eux sous peine de mettre fin à la discussion[79] ».

On ne mesure pas à quel point, dans cet univers mental et affectif d'une affligeante pauvreté, Dieudonné passe pour un maître à penser, le Juif pour l'ennemi, Fofana, Merah, Nemmouche, Coulibaly et les Kouachi pour des seigneurs. « Vous êtes au chômage et vous êtes sportifs ? Pourquoi ne pas vous engager dans l'armée de terre qui recrute ? » À cette question, Malik, Reda, Karim et Nidal me répondent qu'ils ne veulent pas « aller tuer leurs frères »… Leurs frères ? Ils ne saisissent pas qu'en Syrie ou au Mali, ils seraient les premiers à se voir trancher les extrémités, eux qui déambulent du soir au matin avec une canette de bière dans une main, un joint dans l'autre, quand ils ne jouent pas aux cartes au café du coin. Il n'empêche : le 11-Septembre n'en reste pas moins l'œuvre du Mossad, la presse libre une farce, les crimes de Merah un coup des agents de la DCRI car « on nous aime pas ! », les chambres à gaz un complot sioniste, tout comme les attentats des 7, 8 et 9 janvier 2015. Dans ce monde, ces salauds de journalistes – « les médias » – font évidemment partie de la conspiration, ils mentent tout le temps et sur tous les sujets. Seuls

79. Tareq Oubrou, *Un imam en colère, op. cit.*, p. 22.

les « bouffons » l'ignorent. Eux savent, ils l'ont lu ou plutôt vu sur Internet, pour l'essentiel sur YouTube. Et ils mettent bien entendu des guillemets aux attentats de 2015. L'âge de la retraite (du biz) venant avec l'apparition d'enfants en bas âge, les mêmes individus issus de la diversité n'hésitent souvent pas à voter Marine Le Pen (quand ils votent), furieux de s'apercevoir qu'en maternelle, leurs petits vont devoir « se fader » une horde de « nains renois » fraîchement débarqués et « infoutus d'entraver le çefranc ». C'est qu'on ne fait pas vraiment dans la dentelle ni dans les droits de l'homme chez ces anciens délinquants ultraviolents. « Ils vont s'arrêter quand, là-haut, de nous refoutre des couches et des couches de Noirs et d'Arabes sur la tête ? », ne cessent de me demander plusieurs jeunes papas de mon quartier. De fait, il n'est pas rare que les enseignants se trouvent confrontés à des classes de maternelle où 60 % des élèves ne parlent pas un mot de français. Comment vont-ils réussir leur CP ? Et les 40 % restants ? L'Éducation nationale, qui semble se croire dans les années 1920, répondait encore en 2015 aux directeurs d'établissement débordés que cela viendra tout seul puisque les petits baignent dans un milieu francophone… Et c'est quoi « ces conneries sur le voile à l'école, c'est pas une tepu ma sœur ! », ajoutent mes camarades. Telle est la langue châtiée dans laquelle on aborde, dans de nombreuses banlieues, la question de l'universel, du particulier et de l'intégration.

Le dispositif islamophobe

Islam de rupture ? Nous serions confrontés à des *constructions* et *reconstructions* identitaires complexes et plurielles, elles-mêmes sujettes à des processus-de-recomposition à perte de vue, pour reprendre le jargon creux de nombreux sociologues. Il importera, dans cette vision, de pas « amalgamer » islam piétiste, fondamentaliste, politique ou radical. L'islam comme « bouillie antisystème » passe naturellement à travers les mailles de ces subtiles distinctions. Dans le même ordre d'idée, nos clairvoyants islamologues ont longtemps mis un point d'honneur à faire taire les grincheux des années 1990-2000 : les succès de l'islamisme devaient être relativisés et ce courant refluait, assuraient-ils, tout en invitant la République à s'assouplir pour mieux pacifier les différentes identités culturelles qui y réclament droit de cité. L'inquiétude face aux dérives intégristes relèverait d'un préjugé antiarabe s'expliquant par plusieurs facteurs : le colonialisme et sa vision paternaliste des mondes en développement, le traumatisme durable de la guerre d'Algérie et la crainte infondée qu'inspire une religion différente, le tout mâtiné de relents racistes.

Autre variante, qu'aucun fait ne venait perturber jusqu'aux tueries de 2015 : le djihadisme devrait son expansion à toute une série de manquements… occidentaux. Les grandes puissances seraient, une fois de plus, coupables. Coupables d'avoir longtemps soutenu des régimes dictatoriaux dans le monde arabe, créant ainsi les conditions d'un appui des masses populaires à l'islamisme. Coupables de ne pas être parvenues à imposer une solution négociée au Proche-Orient. Coupables de s'être enlisées dans le « bourbier » irakien et afghan, ouvrant du même coup la boîte de Pandore des conflits ethniques, religieux et nationalistes. Les acteurs de l'islam politique eux-mêmes y seraient-ils pour quelque chose dans la rhétorique criminelle qu'ils diffusent ? On préfèrera penser qu'ils réagissent à leur façon à la domination des puissants. À se demander si certains n'espèrent pas secrètement le retour d'un bon fascisme à l'ancienne pour enfin s'épargner de telles contorsions mentales et retrouver leurs marques. Nostalgie du *¡No pasarán!*. La vieille Bête immonde serait toujours préférable à cet islamo-fascisme qui ne cadre pas. L'objectif serait-il de féconder à nouveau le ventre de la bête islamiste et de la bête populiste qu'on ne saurait mieux s'y prendre.

Pour les bien-pensants, les temps se durcissent un peu malgré tout car il y a quand même tous ces ensauvagés qui ont un rien tendance, ces dernières années, à se réclamer de l'islam et non d'une autre religion. On ne sache pas qu'en Europe, beaucoup d'attentats récents aient été commis par des bataillons de chrétiens, de bouddhistes ou de Juifs fanatisés qui, jusqu'à présent, ne semblent pas non plus en appeler à une guerre sainte contre les valeurs occidentales. On se souvient bien sûr de la tentative d'attentat contre Jacques Chirac par Maxime Brunerie, issu de la mouvance identitaire, puis de l'atroce tuerie de masse de 2011 perpétrée par Anders Breivik en Norvège, un obsédé de la race blanche tétanisé par l'advenue d'une « Eurabia ». S'il serait éminemment coupable de minimiser la peste brune qu'ils incarnent, on aurait tort de ne pas en discerner l'équivalent dans l'actuelle flambée fascislamiste. Comment faire ?

Afin de lever la difficulté, un dispositif ingénieux s'est considérablement développé : il consiste à coller l'étiquette d'« islamophobe » à quiconque refuse de pratiquer l'irénisme ou finit par s'en exaspérer. On s'y est tant habitué qu'on ne voit plus à quel point le concept d'« islamophobie », assimilé à une forme de racisme, est absurde. Depuis quand l'islam est-il une race ? Depuis quand critiquer un livre saint, contester ses interprétations obscurantistes, caricaturer son prophète ou se préoccuper de ses imams quand beaucoup d'entre eux cherchent à perpétuer un monde clos et paranoïaque, relève-t-il d'un crime ? En France, on croyait cette époque révolue depuis la prise de la Bastille. Si l'on veut boucler la boucle et achever d'intimider les mauvais suiveurs, on pourra, à la façon de l'historien Enzo Traverso, élaborer la fantastique théorie selon laquelle les musulmans occuperaient au XXIe siècle la même fonction que les Juifs au XXe eu égard à la critique de la modernité. Les uns et les autres auraient ainsi successivement développé un discours qui nous serait précieux s'agissant de comprendre les complicités souterraines qui unissent modernité capitaliste et barbarie. On sortira donc rassérénés de cette lecture : c'en est fini pour les Juifs, explique cet intellectuel proche du trotskysme dans *La Fin de la modernité juive*[80]. Autrefois ferments d'une pensée contestant l'ordre établi, les Juifs seraient passés « à droite » pour se faire les défenseurs de l'oppression occidentale et de l'ordre européen. Vous avez un peu de mal à comprendre ce qu'un Tariq Ramadan, qui propose un moratoire sur la lapidation des femmes adultères, pourrait bien avoir de commun avec Walter Benjamin, Günther Anders ou Siegfried Kracauer ? Sans doute est-ce que votre islamophobie rampante vous aveugle…

80. Enzo Traverso, *La Fin de la modernité juive, histoire d'un tournant conservateur*, Paris, La Découverte, 2013.

Dans un autre article symptomatique de cette vulgate, gravement intitulé « La fabrique de la haine : xénophobie et racisme en Europe[81] », Enzo Traverso explique sans sourciller que « le migrant de nos jours est l'héritier des "classes dangereuses" du XIXe siècle, peintes par les sciences sociales positivistes de l'époque comme un réceptacle de toutes les pathologies sociales, de l'alcoolisme à la criminalité ». Un couplet que les jeunes du 93 trouveraient sans doute très à leur goût. La suite aurait encore plus de succès : ces stéréotypes, poursuit doctement l'auteur, « souvent condensés en une représentation de l'étranger aux traits psychiques et physiques bien marqués, découlent d'un imaginaire orientaliste et colonial qui a toujours permis de définir, négativement, des identités incertaines et fragiles, fondées sur la crainte de l'autre, toujours perçu comme l'envahisseur et l'ennemi ». Comment un esprit aussi brillant peut-il égrener des poncifs aussi coupés du réel ? A-t-il jamais eu la curiosité de se rendre sur les sites de propagande du djihad planétaire ? On devine la suite, tant elle est attendue : « Dans l'Europe de nos jours, le migrant prend essentiellement les traits du musulman. » L'islamophobie – nous y voilà – joue donc « pour le nouveau racisme le rôle qui fut jadis celui de l'antisémitisme pour les nationalismes et les fascismes d'avant la Seconde Guerre mondiale ». Ou comment, sous couvert de phrases bien bâties, tracer une équivalence entre la crainte qu'inspire l'islam en raison de ses débordements radicaux, bien réels, et la haine passée envers les Juifs, car il n'existe pas le moindre antisémitisme dans l'Europe d'aujourd'hui, cela va de soi. En

81. Dans *Contretemps – Revue de critique communiste*, Paris, n° 9, 2011.

effet, dans la mesure où la judéophobie qui gagne dans nos sociétés ne procède pas d'un « imaginaire colonial », elle se révélera tout bonnement *imaginaire*. Une vue de l'esprit, nourrie par les conservateurs.

Chose extraordinaire, plus la montée de l'antisémitisme s'impose, plus les enquêtes d'opinion la confirme, plus les agressions contre les Juifs se banalisent, plus les crimes se multiplient, plus il y aura de prétendus… « islamophobes ». C'est que les Juifs tombent du mauvais côté, du côté d'Israël, donc du fort, de la droite, du colonisateur – en outre, un des derniers « colons », il serait dommage de s'en priver –, en même temps que du côté de l'Occident capitaliste et, forcément, de la finance internationale. Les Palestiniens, en revanche – et tous en bloc car on ne s'embarrasse pas de nuances, on mettra ensemble les partisans du Hamas et leurs opposants décapités, les terroristes et leurs ennemis –, sont globalement à classer dans le bon camp, celui du prolétariat crucifié. Cela ne signifie pas qu'en Europe, les musulmans soient à l'abri d'actes racistes. Ces derniers enregistrent même une alarmante poussée puisqu'on les a vus quintupler en vingt ans. Sans toutefois faire un seul mort, fort heureusement.

Une gauche fracturée

Une autre évolution vient nous signaler à quel point nous avons changé d'époque : la pensée de gauche enregistre depuis une dizaine d'années une scission de plus en plus profonde. D'un côté, ceux pour qui prime la lutte contre Israël et les États-Unis, quitte à faire alliance avec les islamistes. C'est ce que certains observateurs appellent l'« islamo-gauchisme », un label qui recouvre désormais une famille idéologique bien réelle. L'idée selon laquelle l'islam politique pourrait représenter un allié potentiel dans la lutte contre l'impérialisme occidental, d'abord théorisée pendant la première guerre du Golfe (1990), s'est répandue ensuite à travers la mouvance altermondialiste. Dans les années 2000, les manifestations contre la guerre en Irak et la participation d'islamistes aux forums sociaux européens ont contribué à donner corps à cette alliance. Tariq Ramadan, qui ne manque jamais d'être convié à ces débats, en est représentatif. À Paris, cet islamiste bon teint fut accueilli en héros au Forum social européen de novembre 2003 à Saint-Denis. Dans un courageux éditorial du 15, Philippe Val, alors directeur de *Charlie Hebdo*, s'insurgeait contre les complaisances d'une certaine gauche à l'égard de ce « propagandiste antisémite » et dénonçait une « rhétorique semblable à celle qui innerva l'Europe d'avant-guerre ». Au Forum de l'année suivante, organisé cette fois à Beyrouth, on a vu des responsables du Hezbollah, une des pires organisations terroristes de la région, s'épancher à la tribune sur les vertus révolutionnaires de leur travail social. Dans le même temps, les organisateurs avaient refusé jusqu'à la présence d'israéliens d'extrême gauche, conformément à cet « antisionisme » si central au sein de la mouvance alter. Imaginerait-on le Forum de 2016 inviter quelques représentants de Daesh pour mieux comprendre ce qui motive leur lutte antioccidentale ? Au point où nous en sommes, pourquoi pas ? Force est de reconnaître qu'en France, la dimension antiaméricaine de l'islamisme, son antisionisme et son écho parmi la population issue de l'immigration – un électorat non négligeable – n'ont pas toujours été pour déplaire au Parti socialiste.

De l'autre côté, nous avons la gauche de ceux pour qui priment l'idéal européen, l'universalisme et la lutte contre le totalitarisme. Y compris lorsque celui-ci troque ses habits rouge et brun pour le vert djihadiste. Voire pour un vert écolo-radical *(deep ecology)* quand ses représentants en viennent à opposer une nature toujours bonne à un règne humain et scientifique toujours mauvais. Dans cette logique, on pourra le cas échéant envisager une suspension partielle des libertés publiques au profit de politiques de l'environnement à conduire avec des moyens coercitifs s'il le faut. Que ne sacrifierait-on pas pour hâter « l'insurrection qui vient » ? Et il est à parier, dans cette hypothèse, qu'on oubliera pour une fois de convier les lumières de Carl Schmitt sur l'État d'exception. Il n'est pas surprenant que ce soit du côté des intellectuels dont la trajectoire a embrassé le mouvement antitotalitaire qu'on observe le moins de dérapages de ce genre. Voire, par les temps qui courent, de sorties de route. Eux tiennent le cap. La gauche antitotalitaire, on s'en souvient, est née avec l'effet Soljenitsyne en 1974 pour se développer à la faveur d'une série d'événements propres à ébranler les dernières sympathies dont pouvaient bénéficier les régimes communistes et autres « luttes de libération ». On aura, entre autres, les témoignages sur la Révolution culturelle chinoise et le génocide cambodgien, puis l'engagement en faveur des boat people au Viêtnam. Cette prise de conscience, formulée au nom des droits, de la dignité de l'homme et des libertés démocratiques, s'accentuera tout au long des années 1980 avec le soutien apporté aux dissidents, de la Charte 77 à Prague au mouvement Solidarité en Pologne.

À l'école de la dissidence, le mal est démocratique

Cette gauche vertébrée, formée à l'école de la dissidence, par conséquent plus avertie sur les mécanismes subtils qui, de proche en proche, incitent les individus à abdiquer leur conscience individuelle, se montre mieux encline à refuser la dichotomie facile entre le bien et le mal, le maître et l'esclave. À ses yeux, ce qui les met aux prises se joue d'abord à l'intérieur de chaque individu. En chacun s'opposent la bravoure et la bassesse, la lâcheté et le courage, l'égoïsme et le souci du commun, les penchants particuliers et les valeurs universelles. En un mot, le mal est démocratique. Ce que les contempteurs actuels de la pensée antitotalitaire ne voient pas, par ignorance surtout, tient à ce que cette réflexion toute en nuances a très tôt émergé au sein des oppositions démocratiques d'Europe de l'Est, conscientes des dangers d'une représentation schématique où au Mal entièrement aspiré par la bête totalitaire ferait pendant le Bien de l'antitotalitarisme.

Ce serait certes une formidable « cure d'angélisme », expliquait le poète Adam Zagajewski dans les années 1980 : « eux » (le Parti) nous tiendraient en captivité et « nous » (la société civile) nous lutterions contre eux. Si ce n'est que cette posture a l'immense désavantage d'interdire de « penser à l'encontre de soi », ajoutait l'écrivain polonais. Or, nous vivons dans un état de tension permanente. « En moi aussi s'affrontent le bien et le mal, la nature et la valeur, la concentration et la paresse, le désir et la fidélité, l'intérêt et l'intégrité[82] »,

82. Adam Zagajewski, « La Grande Muraille », dans le recueil *Solidarité, solitude*, Paris, Fayard, traduit du polonais par Laurence Dyèvre, 1986, p. 82.

relevait-il en 1986. À l'inverse de l'extrême gauche actuelle, les dissidents avaient compris que la répugnance à vivre dans la contradiction revient à soustraire les individus à la responsabilité de leurs actes et au monde partagé avec d'autres.

L'exigence qu'exprime ici Adam Zagajewski déborde de beaucoup, dans sa portée politique et philosophique, le seul contexte de la lutte contre le communisme. La disponibilité à *vivre dans la contradiction* ne constitue-t-elle pas l'essence d'une démocratie digne de ce nom ? Mais ces conquêtes d'ordre strictement moral et civique, nées en réponse au défi du totalitarisme, cesseront-elles d'exister le jour où ce défi disparaîtra, se demandait avec angoisse Zagajewski ? Cela dépend de nous : si l'Europe est aussi une question d'âme, c'est au sein de cet héritage-là qu'il nous faudrait puiser notre inspiration, pour autant que l'on veuille encore donner sens et contenu à son projet[83]. Le bien, l'universel, la justice et la sauvegarde d'un monde commun sont toujours l'affaire de notre conscience et chacun est appelé à en répondre *personnellement*. L'universel ne se conjugue jamais à la troisième personne : il repose toujours sur un engagement, voire sur un dévouement, pour le coup radical. En d'autres termes, les idéaux démocratiques ne sont ni réductibles à une question privée ou subjective, ni transférables sur telle ou telle entité impersonnelle, qu'il s'agisse de l'Histoire, de l'État, de l'Onu ou des procédures juridiques. Pour la pensée issue de la dissidence, l'Europe n'est jamais qu'un autre nom pour désigner cette irréductibilité.

83. J'ai développé cette thèse dans mon essai *Esprits d'Europe : autour de Czeslaw Milosz, Jan Patočka, István Bibó*, *op. cit.*

CHAPITRE 7

Vous avez dit « néo-réactionnaires » ?

Depuis le début du XXIe siècle, la France est devenue un pays étrange. Un pays où les intellectuels issus de l'école antitotalitaire ont tendance à passer pour… « néo-réactionnaires ». En 2002, *Le Rappel à l'ordre*, un essai retentissant sous-titré *Enquête sur les nouveaux réactionnaires*, publié par Daniel Lindenberg, dressait ainsi l'acte de décès de la « famille antitotalitaire ». À le suivre, nombre de ses membres se seraient irrémédiablement égarés dans le conservatisme quand ils n'auraient pas basculé dans le racisme ou le sexisme. Cette affaire, de celles qui rebattent à intervalles réguliers les cartes de la vie intellectuelle française, a provoqué une des controverses les plus significatives des années 2000. En effet, les arguments échangés sont indirectement venus nous confirmer que nous traversions bien une crise de la démocratie confinant à une crise de civilisation, les clercs épinglés sur la liste noire de Daniel Lindenberg ayant en partage d'avoir fait de ces dysfonctionnements le principal objet de leur réflexion. De façon là encore symptomatique, c'est aussi à l'automne 2002 que fut publié *Les Territoires perdus de la République*, un livre collectif qui constatait déjà une offensive islamiste dans les établissements scolaires et la difficulté des professeurs à aborder certains sujets, dont la Shoah. Un ouvrage évidemment ignoré, à l'époque, par les médias comme par les politiques, qui ont préféré se pencher sur… l'offensive réactionnaire.

Antitotalitaires… et néo-réactionnaires ?

Conservateurs, ceux qui entendent demeurer fidèles aux valeurs révolutionnaires qui, depuis le XVIIIe siècle, font la grandeur de la culture européenne ? Réactionnaires, ceux qui sont conscients de la discipline que requiert la construction d'un être libre, capable de soutenir les exigences du débat démocratique et du vivre-ensemble, l'autonomie n'étant pas simplement une idée abstraite mais une manière d'être ? Curieuse inversion : comment en est-on venu à soupçonner ces esprits lucides de virer à droite et de se faire les prophètes du passé, alors même qu'ils serrent à gauche ? Le paradoxe est de taille. Que signifie aujourd'hui se réclamer de l'héritage antitotalitaire ? En bref, deux choses.

D'abord, que ses acquis ne sont peut-être pas obsolètes s'agissant d'appréhender ce nouveau monstre aux visées totalitaires qui, au XXIe siècle, se présente sous un nouveau visage : l'islam politique. Nous revoilà confrontés à un projet qui prône l'anéantissement de l'individu dans un État total prétendant puiser sa légitimité d'en haut, en l'occurrence dans les préceptes coraniques. D'où sa chasse aux hérétiques, sa prétention à régner par la terreur et à réglementer tous les aspects de l'existence. Enfin, et c'est aussi le propre de ce type d'idéologie extrême, son emprise se révèle forte sur les esprits faibles. Se réclamer de l'esprit antitotalitaire s'entend ensuite au sens où il s'agit d'interroger les mécanismes qui poussent nos démocraties à se retourner contre elles-mêmes au nom des libertés dont elles se réclament. En sens inverse du premier point, donc, puisqu'on portera cette fois l'attention sur les logiques endogènes qui fragilisent les assises de nos sociétés. Or, c'est évidemment moins la défaite de l'individu face à *l'État total* qui menace dans cette dépossession, que la défaite de l'État face à *l'individu total.* Autrement dit, l'affaissement de l'être-ensemble face à la poussée hyperindividualiste et à ses dynamiques aliénantes qui tendent à vider le « nous » civique de sa vitalité. Avec, à l'horizon, et pour ainsi dire à force de libertés démocratiques, de divertissements et de droits-créances, le risque de laisser dépérir l'âme de la démocratie. D'où la question centrale : comment faire en sorte que nos démocraties n'en viennent pas à régresser inéluctablement du même pas qu'elle progresse ?

À cet égard, la dissidence est-européenne des années 1980, réfugiée au sein de « cités parallèles », a élaboré, dans son ample réflexion sur la résistance au conformisme totalitaire, une anthropologie éthico-politique particulièrement exigeante. Elle nous revient aujourd'hui. La grande préoccupation de ces opposants, soucieux de préparer l'après-communisme, tenait dans l'interrogation suivante : comment penser les conditions d'acquisition d'une véritable autonomie intérieure ? Comment promouvoir une liberté qui, loin de conduire les individus à se dessaisir d'eux-mêmes et à se délier les uns des autres, pourrait leur permettre de se hisser à la hauteur des responsabilités et des devoirs qu'impose la condition démocratique si l'on ne veut pas voir celle-ci menacer, à terme, les conditions de son propre exercice[84] ? Un élémentaire souci de l'individu libre face aux appétits dévorants de l'État total et un élémentaire souci de l'État démocratique face aux prétentions sans limites de l'individu total. Que ce double souci puisse désormais passer pour néo-réactionnaire ou néo-conservateur laisse sans voix. Comment en est-on arrivé là ?

Rappel à l'ordre : les intellectuels virent-ils à droite ?

En 2002 à Paris, un an après les attentats du 11-Septembre, un historien des idées, ancien mao et membre du comité de rédaction de la revue *Esprit*, publie donc aux éditions du Seuil dans « La République des idées », une collection dirigée par Pierre Rosanvallon, un essai de 96 pages intitulé *Le Rappel à l'ordre*. Dans le paysage intellectuel et médiatique français, ce mince best-seller fit l'effet d'une bombe. On y apprenait qu'une méfiance de plus en plus suspecte envers le projet démocratique lui-même était en train de faire souffler un vent d'hiver sur la patrie de l'affaire Dreyfus. Diable ! Comment n'avions-nous rien vu venir ? Le perspicace Daniel Lindenberg allait nous aider à ouvrir les yeux sur cette offensive droitière. Au cœur de son analyse : l'idée selon laquelle nous serions face à un nouvel ennemi « néo-réactionnaire » dont les dérapages aggraveraient les fractures françaises et dont la lutte idéologique en faveur d'une « société fermée »

84. On reconnaît ici une des grandes interrogations qui anime le travail de Marcel Gauchet, notamment dans *La Démocratie contre elle-même*, *op. cit.*

se déploierait sur deux fronts : contre la gauche égalitaire et contre la droite libérale. Rien de moins. Parmi les coupables, prétendument pressés de liquider ces deux acquis fondamentaux de la civilisation moderne que sont la liberté et l'égalité, on trouvait pêle-mêle des universitaires et des intellectuels distingués[85] en même temps que des romanciers et des publicistes volontairement provocateurs, comme Maurice Dantec ou Michel Houellebecq.

Le point commun de cette tribu néo-réac ? S'inquiéter que certaines tensions, à l'œuvre au cœur de nos démocraties, ne finissent par les rendre aussi vulnérables qu'ingouvernables. De là, ces mauvais esprits se seraient retrouvés, lit-on, autour d'un certain nombre d'exaspérations. Car les nouveaux réactionnaires, grands artificiers d'une « levée générale des tabous », se reconnaîtraient « moins à leur argumentation qu'à leurs passions et à leurs aversions[86] ». Pour Daniel Lindenberg, ces procureurs passeraient ainsi leur temps à intenter des procès : le procès des droits de l'homme sinon du droit-de-l'hommisme, le procès de l'immigration, le procès de l'islam, de la culture de masse, de l'égalité, de Mai 68, de la libération des mœurs… Par quoi ces clercs sont-ils en réalité excédés ? Par l'idée que les droits de l'homme pourraient suffire à faire une politique ; par l'antiracisme quand il se dégrade en apologie du droit à la différence (et

85. Daniel Lindenberg, *Le Rappel à l'ordre. Enquête sur les nouveaux réactionnaires*, Paris, Le Seuil, 2002. Parmi les intellectuels épinglés dans cet essai, mentionnons Pierre Nora, Marcel Gauchet, Alain Finkielkraut, Luc Ferry, Pascal Bruckner, Alexandre Adler, Pierre-André Taguieff, Jean-Claude Milner ou Shmuel Trigano.
86. *Ibid.*, p. 19.

à l'intolérance) ; par le relativisme inconséquent et le pédagogisme qui privilégie l'épanouissement personnel de l'élève et l'impératif fonctionnel des savoirs au détriment de son instruction et de la compréhension du monde commun ; par le devoir de mémoire quand il se dégrade en repentance pour tous, et tous azimuts, ou encore par un anti-impérialisme d'un autre âge croyant pouvoir se refaire une jeunesse par une cure, paradoxalement américaine, de *cultural, gender, subaltern* et autres *post-colonial studies.*

Le public averti pouvait se dire qu'il n'y a vraiment rien, là, de « droitier », la pensée réactionnaire se caractérisant par la volonté d'un retour en arrière, la hantise des origines, le désir de river l'homme à la tradition et la conviction que celui-ci est trop corrompu par le péché originel pour mériter une liberté dont il ne sait pas user. Le vrai réactionnaire est celui qui hait sans nuance la démocratie, ce dissolvant universel qu'il rêverait d'abolir et de remplacer par une théocratie[87]. Le réactionnaire, rappelle de son côté Marcel Gauchet, espère « revenir à une société de type Ancien Régime, corporatiste, organique, hiérarchique, monarchique, cléricale[88] ». Bref, une espèce devenue très rare. Le même lecteur pouvait aussi se dire que l'agacement manifesté par les pseudo-droitisés de Lindenberg est bien la moindre des choses de la part de quiconque cherche de nos jours à reconstruire une

---

87. Voir sur ce point la belle analyse d'E. M. Cioran : *La Pensée réactionnaire*, Paris, Fata Morgana, 1977 ; sur l'engagement politique du jeune Cioran, voir Alexandra Laignel-Lavastine, *Cioran, Eliade, Ionesco. L'Oubli du fascisme*, Paris, « Perspectives critiques », PUF, 2002.
88. Marcel Gauchet, « Comment peut-on être rebelle ? », *Le Monde* du 10 octobre 2014.

pensée politique en prise avec le réel et une approche consciente du fait que sacraliser à tort et à travers les droits des individus risque, à force, de saper leur conversion en puissance collective.

L'historien Pierre Nora, lui aussi « rappelé à l'ordre », souligna à juste titre l'absurdité d'un propos selon lequel tout examen des antinomies actuelles de la démocratie serait nécessairement le fait de ses ennemis. « La démocratie est le régime qui vit de sa propre critique. Qu'est-ce que cette démocratie qui commencerait par bâillonner ceux qui mettent le doigt sur ce qui fait problème ? », répliquait-il dans un entretien accordé au *Monde* le 21 novembre 2002. Et de poursuivre : « D'après Daniel Lindenberg, tout va bien et ce seraient les gens qui signalent la crise qui en seraient la cause. Tuons le thermomètre pour croire le malade guéri. Ce n'est pas comme cela que la gauche se refera une santé. » On pourrait appliquer le même raisonnement à cette propension collective à croire qu'il suffirait de nier le malade – l'islamisme – pour remédier à la maladie. Le drame de janvier 2015 va-t-il leur ouvrir les yeux ?

En 2002, le lecteur naïf pouvait se montrer un rien inquiet à l'idée qu'un bouillon réactionnaire serait en train de mijoter dans les coins. D'autant que le Front national venait de se retrouver au second tour de la présidentielle. Et si l'heure était grave ? C'est ce qu'allaient lui confirmer les deux couvertures que *Le Nouvel Observateur* a consacrées, en 2005 et en 2007, au nouveau fléau « néo-réactionnaire[89] », l'hebdomadaire

89. *Le Nouvel Observateur* du 1er au 7 décembre 2005, « Leurs dérapages aggravent les fractures françaises : les néo-réacs », et l'édition du 15 au 21 février 2007, « Ceux qui hésitent, ceux qui résistent, ceux qui basculent : les intellos virent-ils à droite ? ». Dans les deux cas, le sujet est traité en « une ».

renchérissant sur le diagnostic d'un « rappel à l'ordre » posé par Lindenberg. Dans son édition du 14 novembre, *Le Monde* titrait de son côté « Intellectuels français : coup de barre à droite », avant de revenir sur cette terrible nouvelle à la « une » du 22, deux semaines après le déclenchement de la polémique.

Les intellectuels français « virent à droite », nous apprend donc *Le Nouvel Observateur* au début des années 2000. Il y aurait ceux qui « basculent » et ceux qui « résistent ». Alain Finkielkraut se lumpéniserait gentiment « à défaut de se lepéniser définitivement » tandis que d'autres « propagandistes » notoires auraient atteint « le terminus de la droitisation continue ». Ainsi Pascal Bruckner, à qui il semblerait qu'on n'ait toujours pas pardonné sa critique du tiers-mondisme dans *Le Sanglot de l'homme blanc* (1983), ni peut-être ses analyses des années 1990 et 2000 sur les fâcheux travers qui accompagnent la montée de l'individualisme, de « l'euphorie perpétuelle » (1995) à « la tentation de l'innocence » (2000). Ou encore André Glucksmann qui, non content d'avoir dénoncé l'idéologie nihiliste qui anime la « peste terroriste », notamment dans *Dostoïevski à Manhattan* (2002), avait aggravé son cas en se ralliant, en 2007, à la candidature de Nicolas Sarkozy. Comment expliquer que des appréciations aussi ineptes aient pu rencontrer un tel écho, être émises et reprises dans une sphère qui, *a priori*, dépasse largement celle de l'extrême gauche ? Serait-ce que la bien-pensance régnante, n'ayant vraiment plus rien à penser, en soit venue à ne plus pouvoir se sentir exister sauf à s'inventer de faux réacs ? Le climat déliquescent qui prédomine depuis le début du XXIe siècle inciterait à privilégier l'hypothèse selon laquelle une partie de la gauche, pour s'ennuyer ferme avec elle-même, ne résisterait plus à la tentation de partir chasser sur un territoire il y a encore peu dévolu à ses marges extrêmes. En France, cette évolution sera portée par l'extravagant regain de vitalité d'une culture « alter », à la fois anticapitaliste, anticoloniale, antisioniste, antilibérale et antiaméricaine, qu'on aurait pu croire estourbie après la faillite des régimes communistes de l'Est et le ralliement des socialistes à l'économie de marché. Surprise, cette mouvance, redynamisée par le 11-Septembre, va se trouver de brillants relais au sein du monde philosophique. Un corpus qui va de Toni Negri à Giorgio Agamben, en passant par Slavoj Žižek, Alain Badiou, Edward Saïd, Étienne Balibar, Michel Onfray, Bernard Stiegler ou Didier Éribon avec son essai de 2007, *D'une révolution conservatrice et de ses effets sur la gauche française*, en hommage à Pierre Bourdieu<?>.

Haines de la démocratie

Dans un recueil intitulé *La Haine de la démocratie* (2005), Jacques Rancière s'attachera pour sa part à classer parmi les nostalgiques-d'un-temps-révolu – à moins bien sûr de réintroduire « l'hypothèse communiste » (Alain Badiou) – tous ceux qui suggèrent que les avancées de l'individualisme conforteraient, à certains égards, le conformisme et le suivisme au lieu de renforcer l'indépendance des esprits. Aux yeux du philosophe, ce genre d'approche ne ferait que révéler une haine de la démocratie d'autant plus sournoise et dangereuse qu'elle n'oserait pas dire son nom. Pour Jacques Rancière comme pour la majorité des auteurs cités plus

90. Ouvrage publié aux Éditions Léo Scheer.

haut, c'est au contraire positivement, comme une formidable libération dont nous serions les acteurs et les coauteurs, qu'il conviendrait de saluer l'apothéose du désir individuel que les grincheux analysent, eux, comme une perte de sens. On reconnaît bien, ici, les réacs et leur lecture de la modernité en termes de « décadence »... À l'instar de Daniel Lindenberg, ces mentors « radicalitaires » s'accordent à penser qu'il y aurait urgence à ériger des contre-feux face à une opinion supposément travaillée par une lame de fond néoconservatrice.

Les héros culturels de ces nouvelles radicalités exercent une aimantation certaine, y compris au sein de la jeune génération. Tout serait bon à prendre pourvu de faire dans l'irrévérence et d'échapper à « la pensée unique », récemment rebaptisée « pensée tiède » par l'essayiste britannique Perry Anderson dans un essai de 2005, publié chez Gallimard, qui entend porter « un regard critique sur la culture française ». S'encanailler, quitte à troquer l'utopie communiste un rien ringarde pour un anticolonialisme recuit où, mieux, à s'abandonner à toutes les audaces au fil de sinistres provocations. Ainsi, rien de plus chic que Peter Sloterdijk et son ahurissante défense de l'eugénisme dans ses *Règles pour le parc humain* de 1999. Il sera aussi de bon ton d'apprécier chez ce philosophe allemand l'art achevé du paradoxe quand il vitupère l'antiracisme dont le seul « contenu positif » résiderait dans « le métissage ou l'hybridation infinie », par quoi il se présenterait « comme la morale d'une société de marchandises appliquée aux ethnies et aux cultures[91] ». Rien de plus fin que la réflexion de Giorgio Agamben quand il

91. *Les Battements du monde*, entretiens entre Peter Sloterdijk et Alain Finkielkraut, Paris, Pauvert, 2003, p. 47.

compare Guantanamo à Auschwitz et s'appuie à son tour sur Carl Schmitt pour s'opposer à l'intervention américaine en Irak. Rien de plus original que de qualifier la République française d'« oligarchie » (Jacques Rancière) ou de « capitalo-parlementarisme » (Alain Badiou), et rien de plus profond que de suggérer une refondation de l'Europe passant par la mise à mort de ces « deux vaches sacrées » que seraient la démocratie et les droits de l'homme, comme le propose l'essayiste Slavoj Žižek. Et naturellement, rien de plus tendance que de plaider pour la « disparition du mot juif » à la façon d'Alain Badiou ou d'Edgar Morin qui conseille, pour sa part, de le remplacer par la notion de « judéo-gentil ». On pourrait multiplier les perles de ce genre. Il suffit, ces derniers temps, de se baisser pour en ramasser autant qu'on voudra. Les tueries de 2015 vont-elles refroidir ces divagations ?

Exaspérations antivigilantes

Si ces diagnostics laissent rêveur, la seule chose que l'on puisse concéder à Daniel Lindenberg tient à ce que l'exaspération n'est jamais de bon conseil. Aussi faut-il admettre que quelques intellectuels labellisés « néo-réac » ont pu, sur certains sujets, donner des verges pour se faire battre. Comme si l'irritation antivigilante avait parfois fini par leur tenir lieu de pensée, au risque de se figer en posture. On le voit avec l'essai authentiquement réactionnaire d'Eric Zemmour sur le « suicide français ».

Les années 1990 avaient déjà offert plusieurs occasions de poussées de fièvre antivigilantes ou pseudo anticonformistes. L'opinion européenne s'émouvait enfin du « nettoyage ethnique » perpétré par les nationalistes serbes et leurs milices en ex-Yougoslavie ? Certains intellectuels ont alors volé au secours de Slobodan Milošević, rejoignant, non sans ironie, les positions proserbes du *Monde diplomatique*. Dans la foulée, et par goût du contre-pied, ils choisiront de voir dans la mobilisation du Comité Vukovar-Sarajevo l'effet d'un antifascisme creux au motif que la Serbie serait injustement venue rejoindre Israël dans l'enfer idéologique que se serait créée la gauche culturelle dans sa détestation des États nations. Les responsabilités du gouvernement français dans le génocide des Tutsis au Rwanda en 1994 ? Autres hallucinations de « droits-de-l'hommiste » (terme fâcheux, emprunté au lexique de l'extrême droite) qui n'auraient plus qu'une passion en tête : la « francophobie ». La recrudescence des nationalismes en Europe de l'Est après la chute du communisme ? Une invention due à ceux qui apprécient mal le charme romantique des petites nations. Le projet européen ? Une arme de guerre contre la souveraineté des États. Le « devoir de mémoire », une formule certes agaçante tant elle s'est sloganisée ? Une idée aberrante porteuse d'un triple inconvénient : nous enchaîner au passé, rouvrir nos blessures historiques et nous fermer au présent. Encore une manie propre à entretenir le « masochisme moralisateur » (Octavio Paz) des Européens. Un écrivain français se prend un beau matin à compter les Juifs s'exprimant au micro de France Culture et à se demander si ces individus sont bien légitimes pour disserter sur la culture française, au point de débusquer une « Rabinovitch » derrière Rabineau (Isabelle) ? Il faudra toutes affaires cessantes voler à son secours au prétexte que le malheureux serait attaqué par une armée de vigilants occupés à faire régner leur police de la pensée.

Pour une fois à bon escient. Car que va-t-on répondre ensuite à un Tariq Ramadan quand il se mettra à son tour, en 2006, à égrener sa propre liste d'intellectuels juifs ou supposés tels, devenus « communautaristes » et bien connus pour leur proximité avec « Israël et ses lobbies agissants[92] ».

Pour étayer sa thèse d'une nouvelle nébuleuse néo-réactionnaire, l'auteur du *Rappel à l'ordre* sera trop heureux de se servir de ces raccourcis peu réfléchis contre tout ce qui pourrait amoindrir les « défenses de l'Occident ». Car l'ennemi tend alors à prendre un caractère massif et quelque peu vertigineux, perceptible à travers certains glissements successifs du discours : de la critique de la gauche bête au règne d'un nouveau « terrorisme » intellectuel ; de la critique du multiculturalisme débridé à la déploration de la France métissée ; de la critique des errements de l'universalisme à l'identification d'un maléfique Parti unique de l'universel, et ainsi de suite. Autre illustration : la réflexion du philosophe allemand Jürgen Habermas apparaîtra comme détestable par son plaidoyer en faveur d'un « patriotisme constitutionnel ». Par esprit de provocation, l'historien nationaliste Ernst Nolte, le sombre théoricien d'un « noyau rationnel de l'antisémitisme » et du nazisme comme pure réaction défensive au bolchevisme, se verra parfois érigé en nouveau héros de l'opposition au « masochisme » d'Habermas.

92. Dans un article déjà cité, publié sur le site Internet de Tariq Ramadan le 11 avril 2006 et intitulé « Les Palestiniens, l'Europe et ce que tout le monde sait ».

Un vent d'hiver sur la patrie de l'affaire Dreyfus ?

Au-delà de ces quelques réductions irritées, qu'en est-il au juste de cette prétendue nébuleuse néo-réactionnaire ? Elle désigne en vérité un ensemble assez hétérogène d'intellectuels, enfants d'Hannah Arendt, de Raymond Aron ou de François Furet – pas tout à fait des penseurs fascistes –, plutôt issus de la gauche antitotalitaire et européenne pour les uns, plutôt identifiés à la droite républicaine modérée pour les autres. Des clercs que le 11-Septembre, la montée de l'islamisme et de l'antisémitisme, le culte d'une pédagogie qui pose d'emblée l'enfant comme souverain ou la recrudescence des violences urbaines, notamment les émeutes de 2005, ont peu à peu contribué à coaliser. Ces esprits éclairés ont aussi en commun de ne plus souscrire au prêchi-prêcha bien-pensant pour se retrouver *en réaction* – et c'est à ce titre seulement qu'on peut les qualifier de « réactionnaires » – autour de trois ou quatre grands constats.

D'abord, que l'ère post-11-Septembre, et aujourd'hui l'ère post-11-Janvier, nous obligent à affronter un ennemi inédit dans l'histoire européenne : le djihadisme planétaire. Les « néo-réactionnaires » l'ont compris depuis une vingtaine d'années au moins, estimant que cette offensive contre la civilisation devait retenir notre attention, sans pour autant abonder dans le sens alarmiste du « choc des civilisations » soutenu par Samuel Huntington. Ce pour quoi une ligne euro-atlantiste ferme leur paraît préférable à un monde multipolaire impuissant. La plupart s'en tiennent à l'idée d'une confrontation ou d'une discordance des cultures et ne cessent de rappeler que les musulmans eux-mêmes restent les principales victimes de l'islam radical.

Ces intellectuels se retrouvent ensuite autour du constat anthropologique selon lequel nos démocraties se portent assez mal, un diagnostic que partage même le sociologue Gilles Lipovetsky, un disciple de Tocqueville pourtant peu suspect de catastrophisme antimoderne[93]. Comme l'écrit sans détour Marcel Gauchet, la démocratie règne sans mélange, « elle est venue à bout de ses vieux ennemis, du côté de la réaction et du côté de la révolution ». Ironie de l'histoire, « il se pourrait qu'elle ait trouvé son plus redoutable adversaire : elle-même ». Mais pourquoi se donner la peine de penser le paradoxe central de notre temps, celui d'une liberté qui incline à se faire sa propre fossoyeuse ? La paresse des intelligences n'est pas étrangère au succès immédiat rencontré par l'infamante étiquette de néo-réac. L'intuition d'une crise de la démocratie était pourtant déjà présente dans les années 1980 à travers les premières grandes critiques de gauche des risques induits par la consécration du présent, la promotion du paraître, la diffusion de la logique de la mode et de l'éphémère à l'ensemble du corps social, le culte du bien-être et du renouvellement permanent[94]. La disqualification du passé au profit du présent, l'affaissement des encadrements collectifs au profit de l'affirmation individuelle, la

93. Gilles Lipovetsky et Sébastien Charles, *Les Temps hypermodernes*, Paris, « Nouveau Collège de philosophie », Grasset, 2004.
94. On se souvient, à cet égard, des deux essais de Gilles Lipovetsky, un des premiers à cartographier ce changement de paradigme, d'abord dans *L'Ère du vide. Essai sur l'individualisme contemporain* (Paris, Gallimard, 1983), un ouvrage qui fit date, puis dans *L'Empire de l'éphémère. La mode et son destin dans les sociétés modernes* (Paris, Gallimard, 1987). Une exploration qu'il poursuit aujourd'hui à travers une des premières grandes fresques décrivant notre entrée dans la civilisation du léger avec *De la légèreté*, Paris, Grasset, 2015.

répudiation du sérieux au profit du festif, l'abolition des normes imposées au profit des volontés de séduire – ces mutations venaient-elles nous signifier que nous étions en train de précipiter notre heureuse sortie du monde de la tradition ? Ou fallait-il plutôt s'inquiéter de voir le sujet mourir un peu dans cet individu moins autonome et responsable que narcissique, hédoniste et désinvolte ?

Nombreux sont ceux qui accueillirent le triomphe de Narcisse comme une bonne nouvelle. Il est vrai que nous en étions encore à l'époque de l'Union soviétique : l'empire de la publicité et le tout-marchandise, se disait-on, valaient assurément mieux que l'archipel du goulag et les pénuries chroniques de l'Est. Cette priorité a conduit certains d'entre nous à sous-estimer les effets pervers, sur le plan éducatif et culturel, de cet individualisme centré sur la satisfaction immédiate des désirs. Quelques « mécontemporains », dont Alain Finkielkraut – aujourd'hui promu en chef de division de la mouvance néo-réactionnaire –, proposaient une interprétation plus pessimiste de ces évolutions. Dans *La Défaite de la pensée* (1987), il se demandait si la culture, au sens de « la vie avec la pensée », n'allait pas être emportée, d'une part par le relativisme des années Lang (« une paire de bottes vaut bien Shakespeare »), de l'autre par les thuriféraires antiracistes du droit à la différence à qui il reprochait déjà d'assigner les individus à leur appartenance. La décennie 2000 confirmera cette double appréhension.

Ces deux volets – relativiste et différentialiste – se tiennent et leurs effets solidaires sont au cœur des analyses développées par lesdits « nouveaux réactionnaires ». Elles reviennent à observer que l'islamisme s'approprie sans difficulté le pire de l'Occident et que moins le « commun » rayonne, plus les individus tendent à se replier sur des identités plus ou moins imaginaires et hostiles. Jusqu'aux récents attentats, les « néo-réactionnaires » n'en aggravaient pas moins leur cas à mettre en garde contre la séduction d'une idéologie capable de recruter sur le sol européen un nombre croissant d'adeptes prêts à passer à l'acte. Et jusqu'à l'inquiétante progression de Marine Le Pen dans les esprits comme dans les urnes, et la découverte ébahie, y compris par *Le Nouvel Observateur*, d'une France moralement fracturée et sans repères, ces réflexions passaient pour atrocement conservatrices et islamophobes. Pour qui n'est donc pas totalement de mauvaise foi, le diagnostic dressé par les « néo-réacs » traduisait une lucidité qui, en 2015 et à la face du monde, nous aura au moins évité le déshonneur à la face du monde.

Appel à la responsabilité

À cet égard, la mise au point que les rappelés à l'ordre de Lindenberg publièrent dans *Le Monde* du 29 novembre 2002 mérite aujourd'hui d'être relue en entier : oui, écrivaient-ils, « nous nous inquiétons de l'indifférence croissante des élites abandonnant le peuple à son sort – insécurité publique et sociale – pour mieux condamner les formes que prend son désarroi. Oui, nous pensons que la promotion soixante-huitarde de la jeunesse au rang de valeur suprême est un mauvais service à lui rendre. Oui, nous refusons de voir l'école de la République abandonner les plus démunis et les enfermer dans leur condition en abjurant la culture générale et les savoirs. Oui, nous déplorons la dépolitisation des hommes encouragés par un discours des droits de l'homme enchanté de lui-même, sourd à toute idée de dette, d'obligation et de responsabilité pour le monde ». Les auteurs de ce texte revenaient ensuite sur la question de l'immigration, ou plutôt de l'intégration : « Oui, nous pensons que l'abandon progressif du modèle français d'intégration, fait d'exigences et de générosité, est une erreur dont les populations issues de l'immigration sont les premières victimes. Oui, nous redoutons, face à certaines prétentions islamiques, la naïveté de ceux qui dénoncent par ailleurs le retour de l'ordre moral derrière toutes les interrogations sur l'omniprésence de la pornographie, tout en traitant d'"islamophobes" ceux qui critiquent la misogynie de l'intégrisme religieux musulman. Oui, nous craignons l'abandon des principes de la laïcité, dépréciés parce que leurs bienfaits pacificateurs ont fini par paraître évidents. Oui, nous osons parler d'antisémitisme ou de judéophobie quand des synagogues flambent dans le silence[95]. » À l'inverse de ce qu'affirmait Emmanuel Todd en 2005, pour qui ces intellectuels avaient « vingt ans de retard sur les milieux populaires français » et seraient « en train de découvrir favorablement les thèses du FN[96] », les soi-disant nouveaux réactionnaires avaient, en 2002, plus de dix ans d'avance.

Le philosophe Alain Renaut, également épunaisé sur le mur de Daniel Lindenberg pour son ouvrage de 1985 sur « la pensée 68 », coécrit avec Luc Ferry, touchait un point central en faisant remarquer que nombre

95. *Le Monde* du 29 novembre 2002. Le pamphlet de Daniel Lindenberg a suscité deux vigoureuses réponses sous forme de livres : Jacques-Alain Miller, *Le Neveu de Lacan*, Lagrasse, Verdier, 2003, et Pierre-André Taguieff, *Les Contre-réactionnaires*, Paris, Denoël, 2007.
96. Cité par Aude Lancelin, « Intellos : la vague droitière », sur le site citoyen.eu.org, 1er décembre 2005.

d'intellectuels français ne parviennent toujours pas à comprendre la position de type tocquevillien, qui consiste à formuler une critique interne de la modernité démocratique et de ses passions mauvaises. On peut soutenir que l'individu autonome reste l'horizon de la politique sans évacuer les multiples problèmes qui se posent dès lors qu'on introduit la liberté et l'égalité au sein d'institutions pénétrées de hiérarchie, comme l'Éducation nationale ou la famille. Comble du paradoxe, les chasseurs de néo-réactionnaires tiendront absolument à épouser le durcissement des réclamations communautaristes en les assimilant aux aspirations supposées bafouées des damnés de la terre (des musulmans). Comment ne voient-ils pas que c'est cette vision de l'homme comme être-en-communauté qui imprègne justement toute la pensée réactionnaire, la vraie ? Les partisans du multiculturalisme ne semblent pas réaliser à quel point ils sont proches de la réflexion de Maurice Barrès sur le déracinement ou d'un Joseph de Maistre dans ses *Considérations sur la France* (1797). On connaît sa phrase célèbre : « J'ai vu, dans ma vie, des Français, des Italiens, des Russes, etc.; je sais même, grâce à Montesquieu, *qu'on peut être persan;* mais quant à *l'homme*, je déclare ne l'avoir jamais rencontré de ma vie ; s'il existe, c'est bien à mon insu. » Cette vision fut historiquement au cœur de la contre-révolution. Par un étrange retournement de l'histoire, elle a réussi à revêtir, depuis deux décennies, des atours joyeusement « progressistes »…

N'en déplaise à Daniel Lindenberg et à ses partisans, ces considérations ne relèvent en rien de quelque « rappel à l'ordre », encore moins d'une apologie de « la terre et des morts ». Elles participent d'un élémentaire *appel à la responsabilité*.

Dans le champ intellectuel, la difficulté à penser une culture européenne aux prises avec ses contradictions internes explique l'immense confusion dont la polémique autour des néo-réactionnaires restera emblématique. À l'automne 2014, la scène parisienne en était toujours au même point. La preuve par l'effarante opposition d'un collectif d'historiens, d'artistes et de romanciers au fait que l'auteur de *La Révolution des droits de l'homme* (1989), Marcel Gauchet, prononce la conférence inaugurale de la 17e édition des Rendez-vous de l'histoire de Blois, consacrée au thème des rebelles. Depuis, il n'est pas dit que les « rebelles » massacreurs de janvier 2015 aient calmé toutes ces ardeurs contre-réactionnaires si bien disposées à se tromper d'ennemi.

TROISIÈME PARTIE

HUMANISME OU BARBARIE

« Une barbarie d'un type nouveau pénètre notre société et précipite sa ruine. Son principe est simple : pour la première fois dans l'histoire de l'humanité, savoir et culture divergent. »

MICHEL HENRY

« Le fondamentalisme islamique s'accompagne d'une haine viscérale de l'Occident, ce qui se comprend. L'islam, comme presque toutes les religions, prétend être une institution totale, il refuse la distinction du religieux et du politique. »

CORNELIUS CASTORIADIS

« Nous appréhendons la condition humaine avec terreur et pitié, non pas dans l'abstrait, mais toujours par rapport à un lieu et à une époque, une certaine province et un certain pays. »

CZESLAW MILOSZ

CHAPITRE 8

Notre humanisme contre leur barbarie

Qui aurait pu croire que l'alternative humanisme *versus* barbarie allait nous revenir de plein fouet au début du troisième millénaire ? Souvenons-nous du diagnostic de Cornelius Castoriadis, le fondateur avec Claude Lefort de la revue *Socialisme ou barbarie* qui, dans *La Montée de l'insignifiance*, observait déjà en 1996 que la société présente ne se veut plus comme société. Elle se subit. Et, si elle ne se veut pas, c'est qu'elle ne peut ni maintenir ou se forger une représentation d'elle-même qu'elle puisse affirmer et valoriser, ni engendrer un projet de transformation sociale pour lequel elle veuille lutter[97]. Où en est-on vingt ans plus tard ?

L'islamisme nous menace en cette phase historique où nous basculons dans un monde nouveau qu'on appelle la mondialisation. Un monde qui se dérobe en partie à notre maîtrise et dont, en prime, la finalité humaine semble s'être obscurcie en chemin. En outre, point de coupable et évidemment pas de complot. Rien

97. Cornelius Castoriadis, *La Montée de l'insignifiance. Les carrefours du labyrinthe, IV*, Paris, Le Seuil, 1996, p. 20-26.

ni personne derrière ce bouleversement majeur, sinon la puissante logique de l'individualisme, du marché et de la compétition généralisée. C'est en effet à partir de sa propre filiation que la modernité européenne, triomphante, en est venue à se globaliser. Quitte à ce que certaines copies pirates l'expurgent, comme en Chine, de ses dimensions démocratiques. Et comble de l'horreur, cet hybride monstrueux fonctionne.

Sourde panique morale sur le Vieux Continent

Pour l'heure, et pour reprendre la formule de Ralph Waldo Emerson, nous ne savons qu'une chose : « Si l'on veut survivre sur une fine couche de glace, le salut réside dans la vitesse. » Il nous faut patiner toujours plus vite pour rester en piste. Il ne s'agit plus d'un choix de société, mais d'un impératif : patiner ou périr. C'est dans cet état d'étourdissement que le djihadisme nous tombe dessus. Sur ce point, et jusqu'en 2015, l'atmosphère restait plutôt confiante en France. L'islam minoritaire accomplissait sa mue. Il suffisait de parier sur le dialogue et la durée. Les attaques qui endeuillèrent Madrid et Londres au tournant des années 2000 nous signalaient certes que nous étions entrés dans une phase de confrontation active avec l'islamisme. Mais, croyait-on, la police, la justice et l'armée suffiraient à contenir le phénomène.

Changement de donne dans la décennie 2010. Alors que s'installe l'hiver islamiste et que l'Iran menace de se doter de la bombe atomique, la force des mouvements radicaux dans l'aire musulmane et la séduction qu'ils exercent sur des masses entières ont fini par sortir un certain nombre d'Européens de leur léthargie.

Démantèlement en série de cellules salafistes en France dotées d'un arsenal de guerre ahurissant ; multiplication des attentats et des départs pour le djihad ; agressions ultraviolentes – un soldat britannique découpé à l'arme blanche à Londres, un jeune militaire français qui manqua peu après de se faire égorger à La Défense et trois autres agressés à Nice, un mois après « Charlie », tandis qu'ils protégeaient une synagogue ; viol d'une jeune femme juive à Créteil fin 2014 ; massacres à Montauban, Toulouse et Bruxelles (mars 2012 et mai 2014) ; attaques au cocktail Molotov contre *Charlie Hebdo* en 2011 déjà, puis à la grenade contre une épicerie juive de Sarcelles ; personnalités menacées de mort, placées sous protection policière ; déferlante antisémite sur Internet et profusion de vidéos d'une atrocité inouïe, désormais réalisées avec un professionnalisme digne des meilleurs agences de communication américaines. Plus rien à voir avec les clips ringards d'al-Qaïda, relégués en quelques mois à l'âge de pierre. Certains ne voient toujours pas en quoi cette réalité diffère de celle des années 1980. Leur cas est probablement désespéré. D'autres ont compris que l'islamisme nous a donné rendez-vous avec nous-mêmes. Ainsi que l'écrivait Alexandre Adler en 2005, l'islamisme est « une grande et ténébreuse idée qui plonge ses racines dans l'histoire de l'islam la plus ancienne, une passion forte et cruelle qui s'empare tous les jours des corps et des têtes en désarroi, mais aussi d'esprits retors et aigus, comme nous en connaissons en Occident – pas seulement musulmans ; l'islamisme est aussi un puissant mouvement tout à la fois conservateur et révolutionnaire[98] ».

98. Alexandre Adler, *Rendez-vous avec l'Islam*, Paris, Grasset, 2005, p. 34-35.

De Boko Haram à Daesh, en passant par les talibans, la prodigieuse vitesse avec laquelle cette nébuleuse djihadiste a proliféré, notamment sur le chaos laissé par les printemps arabes, a de quoi sidérer. D'où le temps de retard pris par la réaction internationale. En Irak, en Syrie, en Libye, au Liban, en Palestine, au Yémen, au Mali, au Cameroun, au Niger, au Nigeria, en Somalie, au Kenya, dans le Maghreb, au Pakistan, en Afghanistan, en Asie du Sud, la peste verte sévit désormais sur tous les continents. L'État islamique, qui pratique l'épuration ethnique à grande échelle sur un vaste territoire, possède des moyens financiers et militaires quasi inépuisables qui en font une véritable puissance économique. Au-delà des revenus tirés du trafic d'armes, d'otages ou de drogue, non seulement le Califat puise dans les immenses ressources naturelles des pays conquis (pétrole, matières premières alimentaires), mais il a fait main basse sur une vingtaine de banques qui, chose inouïe, continuent en 2015 de réaliser des transactions internationales sans se heurter à la moindre sanction. Enfin, la maîtrise d'Internet offre à ces groupes un outil de mobilisation jusque-là inconnu dans l'histoire de l'humanité.

Face à cette barbarie mutante, l'Europe hésite encore entre l'incrédulité, le sursaut et la peur. À ce chapitre, les mesures antiterroristes annoncées dans l'immédiat après-Charlie auront eu pour effet de nous rassurer autant que de nous inquiéter. Coopération européenne renforcée, repérage en amont des candidats au djihad, surveillance accrue des réseaux sociaux – par quelle aberration n'avaient-elles pas déjà été prises ? Tout se passe comme si les Européens avaient dissipé depuis si longtemps l'enfer des guerres de religion qu'ils peinent à en imaginer le retour. Il y a soixante-dix ans, l'Europe politique s'était en outre construite en se dotant de règles d'abord destinées à la prémunir contre ses propres démons (nationalismes). Cette colère inconnue, en revanche, la sidère. Reposons la question : notre humanisme est-il encore capable de faire front à *leur* barbarie ?

Notre chute dans la mondialisation

Cette interrogation décisive a pris un relief tout à fait inhabituel depuis notre chute dans la mondialisation : dans l'instantanéité, l'interdépendance et la concurrence de chacun contre tous, individus, groupes sociaux, pays, continents et sous-continents, marchés, universités, laboratoires, entreprises... Or, comment prédire le cours d'un monde dont, pour l'essentiel, les évolutions ne sont plus commandées par la volonté consciente des hommes regroupés autour d'un projet commun ? On ne peut plus se réconforter en vitupérant l'ultralibéralisme à la manière de l'extrême gauche, ou avec Marine Le Pen le « mondialisme », comme si l'état du monde était le produit d'une idéologie diabolique qu'il suffirait d'abattre pour revenir en arrière. Le mécanisme qui prévaut est plutôt celui de l'effet retard, de la dénégation – le fameux « je sais bien, mais quand même ». Nous savons que nous ne risquons pas de redresser nos frontières pour parer aux menaces « extérieures », cette notion n'ayant d'ailleurs plus guère de sens. Que l'avenir radieux ne réside plus dans les merveilleux plans quinquennaux de l'ère soviétique. Que ni les Chinois ni les Indiens ne renonceront à posséder un frigidaire et une voiture. Que nous-mêmes ne sommes pas prêts à réduire notre consommation. Bref, nous sommes embarqués. Une prise de conscience qui ne s'accompagne pas moins de fortes résistances psychologiques et sociales.

Pourquoi la grande peur qu'inspire ce bouleversement est-elle si sensible en Europe ? Parce que celle-ci a longtemps désigné un continent où les hommes avaient décidé de s'élever collectivement au rang d'auteurs de leur existence. De cette impulsion, qui puise dans la révolution scientifique des XVIe et XVIIe siècles, l'Europe fut le berceau. Nos ancêtres, armés de leur raison, s'étaient promis de ne plus subir les aléas du sort. De s'affranchir tout à la fois des chaînes de la superstition, de la tyrannie d'une nature indomptable et du joug des monarchies de droit divin. Pour le meilleur comme pour le pire, nous allions fixer le cours de notre destin en vue d'une vie idéalement plus libre, plus prospère et plus heureuse. C'est ce qu'on appelle les Lumières. Et le pays de Voltaire fut à cet égard en première ligne, d'où sans doute le fait que la crise y soit aujourd'hui si profonde. C'est en effet cette promesse inaugurale, par laquelle nous nous étions juré d'avoir prise sur notre présent et notre avenir, que semble contredire point par point la mondialisation. D'où le fait que cette trahison soit plus douloureusement ressentie sur le Vieux Continent qu'ailleurs, que ce soit au Nouveau Monde, l'innovation étant au cœur de la culture américaine, ou parmi les pays dits « émergents », l'Asie, l'Inde, le Brésil ou l'Afrique, qui ont beaucoup à y gagner. Que les Lumières se soient mises à produire l'inverse de l'espérance dont elles étaient originellement porteuses, voilà qui tend en revanche à plonger les Européens dans la déréliction.

Tout s'est inversé. Nous avions choisi la modernité, elle nous contraint. Nous nous voulions « maîtres et possesseurs » de la nature, nous nous retrouvons prisonniers de processus mécaniques et aveugles qui n'obéissent plus qu'à la loi impitoyable de la concurrence. Nous avions placé l'arrachement aux déterminations naturelles au centre de notre culture, nous régressons vers une sélection darwinienne qui ne connaît qu'une règle : s'adapter ou mourir. Nous nous croyions dans la conquête de l'autonomie, nous voilà pris dans un mouvement perpétuel qui ne cesse d'expulser l'homme hors de lui-même. Nous marchions, hier encore, mus par un grand dessein et aspirés par la représentation d'un mieux, nous avançons désormais poussés dans le dos, condamnés à innover, à innover pour innover, encore et sans cesse. L'histoire avait une direction globalement tracée par l'idée de progrès, voilà qu'elle s'abîme dans la logique anonyme d'une folle compétition. Le mouvement était orienté vers une fin, nous nous débattons dans l'infernal tourbillon du « courtermisme ». Affirmer que notre grand projet de civilisation ne repose plus sur un ensemble d'idéaux transcendants, c'est reconnaître, avec Luc Ferry, que les Lumières sont littéralement *tombées* dans le benchmarking. Or, voilà qui change absolument tout au projet même de la modernité[99].

99. Parmi les multiples analyses produites sur la mondialisation, celle proposée par le philosophe Luc Ferry est sans aucun doute une des plus justes et des plus lucides. Voir notamment notre livre d'entretiens, *L'Anticonformiste. Une autobiographie intellectuelle*, Paris, Denoël, 2011, chapitre 9 : « Mondialisation, liquidation du sens et naissance d'un deuxième humanisme », p. 253-300 [Press Pocket, 2012] ; et, du même auteur, *L'Innovation destructrice* (Paris, Plon, 2014) qui, sur ce point, reprend l'essentiel des analyses développées dans *L'Anticonformiste*.

Les Européens se laissent gagner par le sentiment d'avoir enfanté leur pire ennemi, un ennemi honteux. Un ennemi intime. Ainsi que l'écrivait encore Marcel Gauchet dès 2002, nous avons été témoins d'un phénomène inattendu à tous égards : « Nous avons vu la démocratie l'emporter sans coup férir et sans même combattre [...]. Nous l'avons vue rallier, au-dedans, les contradicteurs qu'on pensait les plus réfractaires. Et nous l'avons vue, au milieu de cette victoire [...], s'oublier dans un activisme où elle se nie en voulant se parachever[100]. » C'est cette civilisation malheureuse, donc peu vigoureuse, que la nouvelle Internationale djihadiste entend abattre.

La débâcle de la modernité fluide

Si les Européens victorieux sont aussi un peu partis en guerre contre eux-mêmes, deux mouvements de fond ont contribué à ce sabordage. À droite, et pour le dire d'un mot, les grands capitaines d'industrie ont été les premiers à s'engouffrer dans un hyper-capitalisme pariant sur un consumérisme qui repose sur le glorieux principe de l'addiction pure et simple, tout en déplorant dans le même souffle que « tout foute le camp ». À gauche, les coups de marteau nietzschéens assénés aux valeurs traditionnelles par l'esprit de Mai 68, salutaires à maints égards, ont aussi involontairement contribué à déblayer la voie. Par une étrange ruse de la raison, les soixante-huitards ont ouvert à la génération de nos enfants l'ère

100. Marcel Gauchet, *La Démocratie contre elle-même, op. cit.*, « Avant-propos », p. I-II.

de la frénésie consumériste, principal moteur du capitalisme mondialisé. En effet, seule l'adhésion à des valeurs spirituelles et morales fortes et stables peut brider le « Tout, tout de suite ». Or, ces freins apparaissent comme les résidus d'une époque où les hommes exerçaient leur liberté en se sachant à la fois des héritiers et des endettés. Max Weber l'avait déjà admirablement compris dans ses célèbres considérations de 1905 sur « l'éthique protestante et l'esprit du capitalisme ».

Plus près de nous, Zygmunt Bauman, un sociologue de filiation néomarxiste né en Pologne en 1925, évoque le passage d'une modernité et d'institutions « solides » à une modernité devenue insensiblement *liquide*, gouvernée par la fluidité, la mobilité, la vitesse, l'adaptabilité, la légèreté et le zapping[101]. Une transition qui affecte les domaines les plus essentiels de l'existence, y compris ceux dont la vocation serait de garantir la perpétuation du legs humaniste. Les cadres cognitifs solides, les bibliothèques, les engagements durables ou les liens de loyauté entre les hommes ? Autant de pesanteurs dont il faudrait se délester et d'obstacles à écarter[102]. Partout domine le jetable, le volatile, le révocable et l'obsolescence accélérée. La modernité liquide n'a que faire de l'idée selon laquelle on pourrait sacrifier une part de son bien-être individuel au nom de quelque principe. Elle ne connaît que le conformisme

---

101. Zygmunt Bauman, *La Vie liquide*, Rodez, Le Rouergue/Chambon, traduit de l'anglais par Christophe Rosson, 2004.
102. Zygmunt Bauman, *L'Amour liquide. De la fragilité des liens entre les hommes*, Rodez, Le Rouergue/Chambon, traduit de l'anglais par Christophe Rosson, 2004. Et aussi *La Vie en miettes : expérience postmoderne et moralité*, Rodez, Le Rouergue/Chambon, 2003.

généralisé. Or, l'humanisme présuppose que la vie n'est pas le souverain bien, mais qu'il existe des principes supérieurs à la simple préservation du processus vital et qu'eux seuls peuvent garantir les dimensions les plus authentiquement humaines de l'existence. Dans une société laïque, ces valeurs n'existent qu'en vertu de notre sollicitude et de notre éventuelle disponibilité à leur *sacrifier* notre vie même, ce pour quoi elles sont justement *sacrées*. Là est notre transcendance.

Une autre forme de « guerre sainte », en somme, puisqu'il s'agit d'une guerre intérieure de chacun contre soi. Et peut-être, sur le long terme, la plus efficace réponse à opposer à la barbarie djihadiste. La France d'en bas le comprend souvent mieux que celle d'en haut, comme l'a révélé une enquête de 2013 : pour une grande majorité de Français, la crise actuelle serait d'abord une crise des valeurs « humaines » et du lien cultivé avec autrui[103]. Dans le même sens, un sondage récent nous apprend que plus de neuf Français sur dix jugent primordial de « réinstaurer les règles de politesse et de savoir-vivre entre les gens ». À abandonner ou à négliger les formes, c'est le fond de notre civilisation que l'on risque d'engloutir au passage.

Un humanisme européen à trois dimensions

Cinq jours avant sa mort, survenue le 13 mars 1977 à Prague alors que la police politique continuait de le harceler, Jan Patočka parachevait un texte que l'on

103. Voir sur ce point l'intéressante enquête de François Miquet-Marty, *Les Nouvelles Passions françaises. Réinventer la société et répondre à la crise*, Paris, Michalon, 2013.

peut considérer comme son testament philosophique. Il disait ceci : « Il faut quelque chose de fondamentalement non technique, non instrumental ; il faut une éthique évidente par elle-même et non pas commandée par les circonstances, une morale inconditionnelle.[…] Ce n'est pas l'homme qui définit un ordre moral selon l'arbitraire de ses besoins, de ses souhaits, de ses inclinations et de ses désirs. C'est au contraire la moralité qui définit l'homme. » Le fondateur de la Charte 77 en appelait, de là, à un revirement dans la conscience des hommes, tel que « les motivations de l'action ne se trouvent plus de façon exclusive ou prépondérante dans le domaine de la peur ou de l'avantage matériel, mais dans le respect de ce qui en l'homme est supérieur, dans la conception du devoir et du bien commun et en comprenant que, pour parvenir à une telle fin, il faut être prêt à supporter certains inconvénients, à accepter d'être mal jugé et peut-être à risquer la torture physique ». Puis cette fin magnifique, d'une si troublante actualité : « Les gens se rendent compte à nouveau qu'*il y a des choses pour lesquelles il vaut la peine de souffrir* et que sans ces choses, l'art, la littérature, la culture, entre autres, ne sont que des métiers auxquels on se livre pour gagner son pain quotidien. » Ailleurs, ce disciple de Husserl l'exprimait sur un mode encore plus abrupt : « Une vie qui n'est pas disposée à se sacrifier à son sens ne mérite pas d'être vécue. »

Un Européen de l'Ouest né après la Seconde Guerre mondiale ne peut qu'être frappé par la relation directe établie ici entre le fait d'accepter de *mettre sa vie en jeu* et la possibilité d'en *préserver l'humanité*. Comme si la question de notre humanité et de ses « raisons », de notre trahison ou de notre fidélité à leur endroit, ne pouvait s'entendre abstraction faite de notre courage à tout jeter dans la balance. Comme si, à une époque où tous les au-delà nous ont abandonnés, vouloir honorer notre part proprement humaine ne pouvait *se soutenir*, dans l'absolu, que de notre capacité à répondre d'un ordre de valeurs universelles qu'on estime supérieur aux impératifs de notre propre survie. D'où l'idée que notre humanité ne nous serait pas entièrement donnée d'emblée : elle est une tâche dont il nous faut répondre. En ce sens, l'humanisme incarné par les dissidents – avec lequel l'Europe de 2015 aurait tant besoin de renouer – s'entend justement comme un *combat*. Dans les années 1970-1980, cette lutte visait certes la reconquête d'une autonomie intérieure face à l'État-Parti et face à l'impérialisme soviétique, mais aussi, et peut-être surtout, face à la dictature dévorante du quotidien. Patočka définissait même le XXe siècle comme le lieu où a fini par triompher la révolution généralisée de la quotidienneté et de ses normes.

Alors que nous rentrons en guerre en ce début du XXIe siècle, la dissidence a l'immense mérite d'attirer notre attention sur le fait que c'est précisément dans la mesure où la vie est tenue pour la valeur cardinale et où la passion du bien-être devient la passion dominante, que s'impose l'idée mortifère selon laquelle le critère ultime de l'action comme de l'activité rationnelle réside dans l'efficacité. D'où la réduction du savoir au pouvoir, du vrai au rentable, de la responsabilité à l'utilité. Il est significatif qu'Hannah Arendt, dans *La Crise de la culture* (1961) ou la *Condition de l'homme moderne* (1958), souligne elle aussi que nos facultés les plus hautes – la faculté de penser, de juger, de sentir et d'agir par soi-même – se trouvent menacées dans une société asservie au processus vital, où la vie n'a d'autre but que son propre entretien (vivre, c'est vivre pour consommer), qui n'a d'autre but que la vie (consommer, c'est consommer pour vivre). L'individu pris dans ce cercle perd sa capacité à se rapporter aux êtres et aux choses en dehors de toute visée immédiate, instrumentale ou fonctionnelle. C'est une des définitions de la barbarie.

De là cette extraordinaire inquiétude qui nous rattrape face à la détermination djihadiste : se pourrait-il que l'ensemble de l'histoire européenne aboutisse là où elle a commencé, dans l'idéal médiocre d'une vie au jour le jour ? Très loin, pour Patočka, de sa vocation première, telle que les Grecs l'avaient conçue : celle d'une vie *en vue* de la liberté (vie historique), de la justice (vie politique) et de la vérité (vie de l'esprit). Restituant à l'idéal humaniste européen toute sa profondeur, l'auteur des *Essais hérétiques sur la philosophie de l'histoire* montre ainsi que l'émergence de l'humanité européenne se confond, à partir de la cité grecque, avec l'apparition conjointe et solidaire de ces trois prodigieuses inventions que sont la politique, la philosophie et l'histoire. La vie politique démocratique, car elle consacre l'avènement d'une vie qui ne vise avant tout ni la survie, ni le bien-être, ni la conformité à un modèle, ni le respect d'une tradition, mais une perpétuelle mise en question du sens donné. « En tant que vigilance de tous les instants », écrit-il, « la vie politique est un non-enracinement permanent, une non-fondation. La vie ne s'appuie plus sur la base solide de la continuité générative, elle ne s'adosse plus à la terre obscure. L'obscurité, c'est-à-dire la finitude, le péril auquel elle est constamment exposée, est toujours *devant elle*, à affronter[104]. » Or, les Grecs, aux yeux

104. Voir Jan Patočka, *Essais hérétiques sur la philosophie de l'histoire, op. cit.*, p. 52.

de Patočka, furent les premiers à faire valoir que c'est uniquement dans cette mise à découvert que la vie libre peut s'épanouir comme telle.

L'Europe advient, en second lieu, avec la vie philosophique qui développe, dans le domaine de la pensée, tout ce qui se trouve enveloppé dans la vie politique. La philosophie marque donc, elle aussi, l'apparition d'une pensée questionnante, ordonnée à la recherche du sens et non plus seulement à l'accumulation d'un savoir pratique ou à la répétition des grands récits mythiques. Quant à la dimension historique qui caractérise l'Europe, elle s'institue précisément dans l'exercice d'une pensée libre et la sauvegarde d'une vie politique démocratique.

Joindre le « souci de l'âme » au souci des armes

L'humanisme, selon Patočka, se distingue ainsi par l'ébranlement du sens accepté. Il se produit là comme une césure, un séisme dont l'homme lui-même est le site. Cela signifie que le sens auquel il reviendra ensuite ne sera plus pour lui « un simple fait immédiatement donné dans son intégrité, mais un sens réfléchi ». C'est dans cette ouverture, où se dessine le propre de l'Europe comme *continent de la vie interrogée*, que peut se produire la rencontre avec l'Autre. Dans un très beau livre justement intitulé *La Barbarie* (1987), le philosophe Michel Henry développe une intuition voisine quand il fait valoir que toute culture se doit d'être une culture de la vie, au sens où il s'agit d'une action que la vie exerce sur elle-même pour parvenir à des formes plus nobles de réalisation et d'accomplissement de soi. Or, le « monde de la technique » si bien décrit par Heidegger procède de la mise à l'écart de la vie, poursuit Michel Henry dans son sillage. Résultat : la technoscience livrée à elle-même fait abstraction de ce qui constitue l'humanité de l'homme. Ce qu'est la vie intérieure, l'idéologie associée à la science n'en a pas idée, « elle ne s'en préoccupe nullement, elle n'a aucun rapport avec elle et n'en aura jamais[105] ». La barbarie s'entend en général comme synonyme d'inhumanité, de cruauté, de bestialité ou de sauvagerie. Pour Michel Henry, elle guette aussi quand la culture, au sens de la vie de l'esprit, tend à être malmenée ou refoulée de l'espace européen qui définit la modernité. « L'explosion scientifique et la ruine de l'homme : voilà la nouvelle barbarie[106] », écrivait-il déjà dans les années 1980.

On pourrait objecter à Jan Patočka et à Michel Henry que toutes les cultures connaissent la distinction entre le bas et le haut. Il y a le domaine du labeur, de la peine, du travail, où domine surtout un rapport utilitaire au monde. Et puis il y a le domaine de l'allègement, de la fuite, où l'on se divertit et où l'on « s'éclate » en se laissant ravir hors de la servitude quotidienne. Mais le penseur de Prague souligne que la culture européenne est la seule à avoir pensé la liberté sur un mode non extatique (la fête, la transe, l'évasion). Une troisième possibilité se présente en effet à nous, celle d'une émancipation à l'égard du quotidien qui ne tombe pas dans l'oubli de soi, mais qui se veut au contraire subordonnée à l'exigence d'une plus haute conscience de soi – à la Responsabilité et à la Raison. C'est très précisément ce que Patočka

105. Michel Henry, *La Barbarie*, Paris, Grasset, 1987, p. 35-36.
106. *Ibid.*, p. 10.

appelle « l'héritage spirituel européen », lequel renvoie à notre capacité à surmonter *simultanément* le quotidien et ses « anti-pôles extatiques ». C'est ce qu'il nomme aussi le « souci de l'âme », qui seul peut ouvrir sur un monde arraché au démoniaque.

Le combat pour maintenir en conscience une distance avec l'impérialisme de la quotidienneté, dont le consumérisme est un des visages, fait notre force. Voilà qui devrait unir l'Europe en un sens infiniment plus profond que les liens concoctés par la bureaucratie bruxelloise. Mais la technocratie se moque du sens. Elle ne perçoit pas que la culture européenne ne pourra l'emporter sur la barbarie que dans l'espace dessiné par la *lutte* intérieure dont parle Jan Patočka. Notre victoire sur la terreur sera pourtant à ce prix. Comme l'écrit Cioran, lui qui était passé par là dans les années 1930 à travers sa fascination pour l'Allemagne hitlérienne, « la barbarie est accessible à quiconque, il suffit d'y prendre goût ». Il n'est décidément pas certain que *notre* humanisme saura avoir raison de *leur* barbarie. Ni de la nôtre, certes infiniment plus douce et souriante, mais qui n'en travaille pas moins, en notre époque troublée, à nous faire rendre les armes – et bientôt l'âme ?

CHAPITRE 9

Le Vieux Monde entre Lumières et romantisme

Parce que nous pensons après Auschwitz et le désastre du stalinisme, parce que nous sommes fort heureusement revenus de l'aventure coloniale, la naïveté, tant face au legs des Lumières qu'à celui du romantisme, ne nous est plus permise. Mais si les vertus émancipatrices des Lumières sont tellement en difficulté sur le Vieux Continent, c'est peut-être qu'elles requièrent une part de romantisme (ou de tradition) à laquelle s'adosser et qui conditionne leur épanouissement. Cela vaut pour les règles de la civilité comme pour les règles de grammaire. Nous en héritons et ne les inventons pas, elles ne procèdent pas des caprices ou du bon vouloir de chaque nouveau venu. C'est la disjonction entre ces deux pôles qui, aujourd'hui, fragilise tant le Vieux Monde. Et c'est aussi là, entre tradition et modernité, qu'intervient une sérieuse *discordance* des *temporalités historiques* entre la civilisation européenne et la civilisation islamique.

La naïveté impossible

Les Lumières, oui, serait-on tenté d'écrire, mais à condition d'y réintégrer une certaine critique romantique du « monde de la technique ». Procédons à un rapide détour par le XXe siècle, ses projets fous de *tabula rasa* étant passés par là. Pourquoi insister sur la dimension critique de cette fidélité aux Lumières ? Les intellectuels européens ayant trouvé sur leur route le monstre totalitaire étaient particulièrement bien placés pour savoir où peut conduire une rationalité technicienne exclusivement centrée sur le critère de l'efficacité. Une rationalité qui, dans sa folie des grandeurs et sa prétention à rééduquer le genre humain, n'admet aucune identité originaire à respecter, rien qui la précède ni rien devant quoi elle devrait s'arrêter. En cela, le règne sans partage de la Raison instrumentale aura aussi contribué, au XXe siècle, à embarquer la modernité vers la déshumanisation et la barbarie.

La mise en cause de cette rationalité n'est en rien droitière. Elle est au cœur de la Théorie critique élaborée par les penseurs néomarxistes de l'École de Francfort, à commencer par Theodor W. Adorno et Max Horkheimer dans leur célèbre « dialectique des Lumières » (1969). Ces intellectuels, qui ont fui l'Allemagne hitlérienne pour se réfugier à New York dans les années 1930, avaient compris mieux que personne de quoi il retourne quant à la perversion du romantisme (en nazisme) et quant à la perversion des Lumières (en stalinisme). C'est pourquoi ils estimaient que la civilisation est d'abord l'affaire de nos scrupules, sans quoi elle peut déboucher assez vite sur un univers rationnellement quadrillé par les barbelés des camps. Tous savaient à quel point le slogan désastreusement bête selon lequel « on ne fait pas d'omelette sans casser des œufs » est venu justifier les pires crimes de masse. Et d'en tirer cette leçon majeure : si seule la raison et ses lumières peuvent changer le monde, sa variante post-totalitaire doit se prémunir contre toute dérive susceptible de nous conduire vers une configuration où, pour reprendre l'expression de Witold Gombrowicz, « l'homme peut tout faire de l'homme ». Du romantisme, il s'agira dans cette optique de conserver la réaffirmation du respect dû aux héritages culturels et à leur diversité – y compris à l'héritage spirituel européen –, mais en l'expurgeant des dérives nationalistes, ethnicistes et antidémocratiques qui ont jalonné l'histoire intellectuelle de la pensée romantique.

Deux hybris contraires

Contre les Lumières extrêmes et avec un romantisme pondéré, ces clercs éveillés ont retenu le danger qu'il y aurait à retomber dans ce que le philosophe Hans-Georg Gadamer a appelé « le préjugé fondamental des Lumières contre les préjugés en général[107] ». Autrement dit, le fantasme selon lequel on pourrait d'emblée rejeter du côté des préjugés dont on doit se libérer tout ce qui relève du *sens commun*, d'une culture et d'une coutume sédimentées au fil du temps, sans lesquelles un monde cesse d'être un monde humain. Dans leur réflexion sur la logique qui a conduit à la barbarie,

107. Hans-Georg Gadamer, *Vérité et Méthode*, Paris, Le Seuil, traduit de l'allemand par Étienne Sacre, revu par Pierre Fruchon, Jean Grondin et Gilbert Merlio, 1996 pour l'édition intégrale, p. 291.

Hannah Arendt et Georges Orwell consacrent ainsi des pages lumineuses à l'importance cruciale du bon sens ou du « sens commun ». Que fait l'idéologie ? Elle invite à déserter le terrain de son existence, de sa perception et de ses émotions propres, en un mot, elle enseigne aux gens « à éviter le choc de la confrontation avec la réalité en les entraînant au paradis des imbéciles où tout est connu *a priori*[108] ». *Mutatis mutandis*, l'actuel négationnisme bien-pensant de l'expérience vécue est un peu de cet ordre. Or, poursuit Arendt, cette désertion peut exercer un attrait particulièrement fort dans une société atomisée. Une mauvaise nouvelle, car c'est toujours dans la présomptueuse émancipation par rapport au « monde de la vie » (Husserl) et au tissu concret des relations humaines que le lien entre idéologie et terreur se trouve préfiguré. Même si, bien sûr, une galaxie sépare l'enfer des camps de ce que certains se complaisent aujourd'hui à appeler le « terrorisme » de la pensée unique.

Pour l'écrivain Czeslaw Milosz, qui s'est lui-même trouvé, comme tous les Européens de l'Est, à l'avant-garde de l'inhumanité, il existe deux types de frontières dont le franchissement se révèle intolérable. Entendons la leçon. Ces limites inentamables, car elles ouvrent la voie à la désintégration intérieure de l'homme et à sa soumission à la violence, ressortissent, pour le poète, à deux types de liens fondamentaux. Les premiers se rapportent à la solidarité originaire et universelle qui relie les hommes entre eux. Milosz fut un grand témoin de leur effroyable rupture, sous le nazisme d'abord, sous le stalinisme ensuite. Mais il

108. Hannah Arendt, « Essai sur la compréhension », dans *La Nature du totalitarisme*, Paris, Payot, 1990, traduit de l'anglais et préfacé par Michelle-Irène B. de Launey, p. 121.

existe aussi un second genre de liens que les deux totalitarismes du XXe siècle se sont employés à dissoudre avec la même hargne : ceux « qui existent de manière organique entre les êtres, en quelque sorte d'eux-mêmes, maintenus par la famille, la religion, le voisinage ». En un mot, « toute l'humanité désordonnée, illogique, si souvent ridiculisée dans ses attachements et ses loyautés provinciales[109] ». En venir à considérer que ces liens ne peuvent n'être que préjugés et devraient donc être éradiqués, c'est aussi cette *hybris*-là qui, au XXe siècle, nous aura été funeste. L'utopie communiste ne procède-t-elle pas également de l'idée que pour réaliser le sens de l'histoire, l'ensemble de la société devrait être réorganisé autour de la différence entre l'ancien et le nouveau, le passé et le présent, les morts et vivants, de façon à ce qu'aucune zone d'ombre ne puisse demeurer impénétrable au soleil de la Raison ? Ce fantasme d'un nouveau commencement, c'est Ivanov, le bolchevique du roman d'Arthur Koestler, *Le Zéro et l'Infini*, quand il rappelle que l'éthique politique d'un bon responsable du Parti commence par la prise de conscience qu'il « n'est pas permis de considérer le monde comme une espèce de bordel à émotions métaphysiques [...]. Sympathie, conscience, dégoût, désespoir, repentir et expiation, tout cela n'est pour nous que répugnante débauche[110] ».

---

109. Czeslaw Milosz, *De la Baltique au Pacifique*, Paris, Fayard, traduit du polonais par M. Bouvard, 1990 [1985], p. 254 (discours de réception du prix Nobel prononcé devant l'Académie royale de Suède en décembre 1980).
110. Arthur Koestler, *Le Zéro et l'Infini*, Paris, Le Livre de poche, 2002 [Calmann-Lévy, 1945], p. 163.

Européens et musulmans : surmonter la discordance des temporalités historiques

Nous voulions le meilleur des Lumières et le meilleur du romantisme pour tous. Mais à force de combattre en elle-même la tentation ethnocentrique, une partie de l'intelligentsia européenne est tombée dans le culte idéologique de l'Autre, sa version haineuse et terroriste n'étant pas prévue. Au lieu de prendre le parti de Lumières revisitées, beaucoup se sont mis à préconiser ce qu'Alain Finkielkraut qualifie de « remède de cheval contre toutes les *hybris* : le romantisme pour autrui[111] ». Côté européen, il s'agirait de réintroduire une certaine proportion de romantisme dans nos Lumières de plus en plus éteintes, sortir du « présentisme » et rétablir un peu de l'équilibre disloqué par la poussée du principe individualiste, ce que compensaient, à une époque encore récente, la famille, les syndicats, les partis, l'école, les églises ou le service militaire. Côté musulman, on aurait plutôt besoin de réinsuffler une forte dose de Lumières dans un modèle qui tend à faire prévaloir la fusion du temporel et du spirituel, le poids du groupe et de la tradition sur l'individu libre, original et créatif.

Qu'est-ce que les Lumières ? À s'en tenir à la belle définition de Kant, elles visent « la sortie de l'homme de l'état de minorité dont il est lui-même responsable ». L'état de tutelle se définissant comme l'incapacité de se servir de sa raison sans la conduite d'un autre, il s'ensuit que la devise des Lumières sera : « *Sapere aude !* Aie le courage de te servir de ton propre entendement. » La culture européenne a été extrêmement loin dans la voie de cet arrachement

111. Alain Finkielkraut, *L'Identité malheureuse, op. cit.*, p. 134.

qui fait primer l'autonomie sur l'hétéronomie (arrachement aux pesanteurs de la coutume, à l'autorité de droit divin et aux grandes structures de sens collectives). L'indifférence croissante au bien public ou à la notion de dette envers la collectivité s'inscrit dans cette dynamique. En cela, Alain Finkielkraut a encore raison de faire remarquer que le courage prôné par Kant ne suffit plus. Pour s'affranchir, tout individu a besoin de maîtres. L'autorité par laquelle la pensée s'affirme ne contredit pas l'autorité devant laquelle la pensée s'incline. La seconde présuppose même la première. Tel est, aujourd'hui, le grand paradoxe européen : on ne préservera les Lumières qu'à condition d'y réintroduire une part de romantisme, autrement dit une part d'héritage – un héritage qu'il ne s'agit pas de perpétuer sur un mode figé, mais de connaître pour le retravailler, l'enrichir, le transformer ou l'amender. En effet, comment inciter à l'intériorisation de normes susceptibles d'assurer la cœxistence, comment apprendre à faire abstraction de soi pour se considérer comme un parmi d'autres tout en prônant, dans le même temps, la pure adhérence à soi ?

À l'inverse, le monde musulman peine, depuis le XVIIIe siècle, à répondre au défi des Lumières. Rappelons qu'il y a huit siècles, à l'époque des califes, la civilisation arabe était bien supérieure à la civilisation européenne dans les domaines culturel, scientifique, économique ou militaire. Elle a ensuite connu un déclin continu, au point de n'avoir produit aucune invention notable depuis quatre siècles. Au XXIe, le monde arabo-musulman cumule de lourds déficits. Cela vaut pour la liberté d'expression comme pour l'ensemble des libertés individuelles (les sacro-saints préceptes coraniques n'étant guère compatibles avec le droit constitutionnel moderne), l'organisation d'une sphère publique, le développement de l'éducation, des savoirs, des sciences, de l'imprimerie. Une donnée frappe l'esprit : selon une enquête des Nations unies réalisée au début des années 2000, le nombre de livres traduits dans le monde arabe à partir d'autres langues au cours des dix derniers siècles équivaut au nombre de traductions publiées en une seule année dans un pays comme l'Espagne.

Plus de romantisme ici, plus de Lumières là

Les intellectuels préposés à la défense complaisante « des musulmans » ne se rendent sans doute pas compte que les exempter de toute responsabilité dans ces maux revient à les infantiliser et à plonger sous l'eau la tête de leurs élites les plus éclairées. Le comble de ce regard compassionnel et paternaliste tient en outre au fait que ces intellectuels reproduisent paradoxalement l'attitude condescendante, voire méprisante, qu'ils dénoncent par ailleurs dans le colonialisme ou le néocolonialisme. Ne serait-il pas plus pertinent d'avancer qu'Européens et musulmans ont à la fois un problème analogue (faire respectivement face à leurs propres difficultés) et un problème inverse. En Europe, revaloriser un « nous » civique fragilisé sous les coups de butoir de « moi » indifférents à l'intérêt général ; chez les musulmans, revaloriser la liberté et la responsabilité individuelles au détriment de la soumission aliénante au groupe d'origine. Pour le dire de façon très simplifiée : il faudrait réinsuffler un peu plus de « romantisme éclairé » ici (de sens du commun), un peu plus de Lumières là.

Quand les « moi » inclinent à dévorer le « nous » ou quand, au contraire, le « nous » tend à dévorer les « moi », nous frisons dans les deux cas un point limite au-delà duquel toute logique émancipatrice est condamnée à se défaire. Il serait temps de se préoccuper de ce double écueil.

Pour un Européen « naturellement » individualiste, les dérives inhérentes à la tyrannie du « nous » sont plus faciles à saisir. Mais afin de pouvoir reprendre confiance dans les vertus *émancipatrices* de la civilisation européenne, ouverte à tous ceux qui souscrivent à ses valeurs, encore faudrait-il comprendre qu'en son sein, l'acquisition d'une culture – autrement dit la capacité d'interroger le monde pour y discerner le bien du mal et s'orienter dans l'avenir – se trouve de plus en plus mise à mal. À cet égard, nous sommes tous (issus de l'immigration ou pas) confrontés au même péril, si manifeste parmi notre jeunesse. Il se trouve en effet qu'un individu rivé à sa culture ou à sa sous-culture particulière sera privé du pouvoir de la questionner. Mais qu'un individu sans culture générale le sera tout autant. De nos jours, ces deux difficultés semblent s'additionner, la même personne pouvant les cumuler. On l'a vu après janvier 2015 avec la profusion des théories du complot parmi les jeunes de toutes origines sociales et culturelles. Seule la concordance des pensées pourra nous permettre de surmonter *ensemble* la discordance des temporalités historiques. Contre l'abaissement de la pensée, on ne peut que se vouloir les héritiers des deux grandes traditions qui ont donné naissance à l'Europe : les Lumières *et* le romantisme, dans ce qu'elles ont chacune de meilleur. Ce projet est-il devenu absurdement utopique ?

La question nous ramène une fois de plus à la préoccupation qui traverse toute la pensée *autre-européenne* : comment repenser l'universalisme des Lumières afin qu'il ne puisse plus arracher les individus au « je » et au « tu », à la responsabilité d'un monde partagé avec d'autres ? La dissidence aura à cet égard jeté les bases d'une culture politique qui bouleverse largement nos modèles conventionnels. L'originalité de ce continent immergé car encore mal identifié de la culture européenne a en effet consisté à *arracher à la droite* deux grands thèmes : d'une part la critique d'une modernité prométhéenne (dont le totalitarisme paraissait incarner la pointe la plus avancée), de l'autre la problématique morale, soit l'idée que la conscience individuelle constitue l'instance subversive par excellence. D'où l'insistance des dissidents sur l'horizon éthique de la démocratie et leur plaidoyer désespéré en faveur d'une politique soucieuse de se placer sur un terrain existentiel. Quand l'exercice de la démocratie tend à reculer avec l'avancée de ses principes, quand les mœurs ne semblent plus accordées à la bonne marche des institutions – ni au défi islamiste du jour –, les intuitions majeures de cette pensée antitotalitaire devraient nous être plus précieuses que jamais.

CHAPITRE 10

La menace nationale-populiste à l'horizon

Les sociétés européennes sont, depuis peu, en proie à une double inquiétude, potentiellement dévastatrice sur le plan politique. Elles se sentent menacées du *dedans* et de façon endogène, en vertu de leur dynamique interne : souveraineté des peuples affectée par le bas (par l'affirmation débridée des individus) et par le haut (globalisation). Mais elles se sentent aussi menacées par ce que beaucoup éprouvent comme une évolution exogène, autrement dit par le passage, en quelques décennies, d'une immigration de travail à une immigration de peuplement à majorité musulmane, encore que ce *dehors* soit aussi devenu un dedans. Les musulmans, qui représentent aujourd'hui autour de 6 % de la population européenne et dont le nombre avoisine les quinze millions, devraient monter à 8 % en 2030, leur poids démographique doublant par rapport à 1990 (4 %). Dans l'Hexagone, un Français sur dix devrait être musulman à l'horizon 2030, soit une communauté qui s'élèverait à près de neuf millions de personnes (Pew Forum Institute). Un problème ? Oui, si nous ne traitons pas la peur avouée qu'inspire l'islam à un nombre croissant de citoyens de la Vieille Europe, y compris parmi les électeurs de gauche.

Un phénomène puissant et inédit

À défaut d'avoir eu le courage de prendre en charge les angoisses nées de cette énorme mutation, les gouvernements européens les ont abandonnées aux nouveaux populismes, en progression constante depuis le début du millénaire. Leurs succès électoraux en témoignent un peu partout, en France, en Belgique, en Autriche, aux Pays-Bas, en Angleterre, en Italie, en Hongrie, en Slovaquie, en Pologne, en Grèce, au Danemark, en Suède, en Norvège, en Finlande ou en Suisse. Quant à la récente apparition, en Allemagne, du Mouvement des patriotes européens contre l'islamisation (Pegida), il n'est pas seulement le fait d'une poignée de néonazis : selon une étude publiée le 8 janvier 2015 par la Fondation Bertelsmann, six Allemands sur dix estiment que « l'islam ne convient pas au monde occidental » et constitue une « menace » (ils sont près de huit sur dix à le penser en Saxe). C'est dire s'il serait aberrant de ne pas voir à quel point le désarroi de l'époque se révèle à l'avantage des nationaux-populismes, habiles à prospérer sur ce double sentiment de péril existentiel et de dépossession identitaire. Point capital, la blessure narcissique est d'autant plus profonde que les Européens ont l'impression qu'aucun de ces deux bouleversements majeurs n'a été véritablement prévu, choisi, organisé ou anticipé. D'où leur propension à reporter leur colère sur les partis traditionnels. Crise d'adaptation transitoire ou pente fatale ?

Le spectaculaire avènement d'un populisme *patrimonial*[112] représente en Europe un phénomène puissant et inédit. Il est d'autant plus redoutable qu'il s'impose sous les effets conjugués de la globalisation économique, de l'immigration de masse et du vieillissement démographique. À l'arrière-plan, et ainsi que tous les indicateurs l'attestent depuis une trentaine d'années, l'Europe se fragmente en communautés qui entretiennent entre elles une animosité croissante. Le populisme est sorti de son confinement. On l'observe à travers le fait que ses thèmes de prédilection ont migré au cœur du discours public. En cela, nous n'avons plus seulement affaire à des groupuscules d'arrière-garde, mais plutôt à un combat d'avant-garde dont l'impact culturel n'a plus rien de marginal. Ces nouvelles formations idéologiquement hybrides sont d'autant plus redoutables qu'elles ne ressemblent guère aux sombres ligues fascistes des années 1930.

La « nouvelle gauche » des classes populaires

Elles se font rassurantes, séduisent les classes populaires qui tendent à y voir leur « nouvelle gauche » et, depuis peu, les classes supérieures. Il y entre du social et ce qu'il faut de libéralisme pour ne pas affoler ; de la protection des petites gens et du nationalisme de repli ; de la défense d'une manière de vivre, d'une société, d'une culture. La gauche en lambeaux a même réussi à leur abandonner la laïcité. Ces partis s'érigent également

112. Je reprends ici le concept forgé par le politologue Dominique Reynié dans son excellent ouvrage *Populismes, la pente fatale*, Paris, Plon, 2011 [et Pluriel, 2013 pour la nouvelle édition revue et augmentée sous le titre *Les Nouveaux Populismes*].

en porte-parole des classes moyennes, souvent les plus attachées à leur statut, les plus vulnérables au changement et les plus exposées à la délinquance et à l'insécurité. Mais là encore, les élites médiatico-politiques ont préféré ne pas trop s'attarder. Chose surprenante, le monde du spectacle, plutôt marqué à gauche et prêt à se mobiliser, ne semble pas s'en inquiéter beaucoup, à l'exception de quelques chanteurs. Au point qu'en 2014, certains artistes admettaient que prendre position contre le Front national risquerait de leur faire perdre un quart de leur public.

Pour avoir traité par le mépris les angoisses qui animent l'électorat populiste, pour ne s'être pas préoccupées de mettre en œuvre des politiques d'intégration mieux adaptées à cette immigration extra-européenne, droite et gauche ont commis une impardonnable erreur. La gauche, *a priori* censée se soucier des pauvres et des laissés-pour-compte, est plus coupable encore. On l'a vue obsédée à perte de vue par sa prétendue « refondation », moyennant quoi elle a négligé les classes populaires – des « beaufs » ? – au profit d'un autre groupe socialement fragile, les immigrés. Du moins est-ce ainsi qu'une France amère et précarisée a ressenti cette politique. En France, l'opinion bien-pensante, tout à son combat en faveur du multiculturalisme, n'a pas voulu voir que sa maladresse et son silence contribuaient à précipiter les électeurs dans les bras du Front national[113]. Elle n'a pas senti que pour l'ouvrier et le chômeur, l'étranger, fût-il blanc et

113. Voir, entre autres, Laurent Bouvet, *Le Sens du peuple. La gauche, la démocratie, le populisme*, Paris, Gallimard, 2012 ; Hervé Algalarrondo, *La Gauche et la préférence immigrée*, Paris, Plon, 2011, et l'ouvrage collectif *Plaidoyer pour une gauche populaire. La gauche face à ses électeurs*, Bordeaux, Le Bord de l'eau, 2011.

européen, est devenu un adversaire qui leur vole leur pain, en somme un concurrent doublé d'un parasite menaçant leurs prestations sociales.

Condescendante et déphasée, la gauche n'a pas saisi que le temps était révolu où les pauvres et les déshérités de tous les pays se voulaient des camarades unis dans la lutte. Quand la crise sévit, les cœurs s'endurcissent. Du coup, Marine Le Pen a beau jeu de clamer que « l'Europe crée du conflit et de la dispute, de la souffrance et de l'hostilité réciproque ». C'est dire si Dominique Reynié a raison d'être sévère quand il souligne que l'immigration est un sujet que les partis de gouvernement ont largement refusé de considérer en Europe, « par incapacité, par lâcheté ou pour de très louables intentions, mais toujours avec de piètres résultats si l'on veut bien admettre que ce thème sera laissé en monopole à des partis protestataires qui en feront le plus mauvais usage pour leur plus grand profit[114] ». Entre immigration et mondialisation, la hantise d'un déclassement à la fois individuel, social, national et civilisationnel n'aura jamais été aussi forte depuis 1945.

En France, le Front national s'est attaché à rompre avec ce style où le poujadisme, le goût viril des chants de la Waffen SS et ce « détail » de la Seconde Guerre mondiale que constituent les chambres à gaz pour Jean-Marie Le Pen s'alliaient à la nostalgie de Vichy et de l'Algérie française. Le Rassemblement Bleu Marine entend défendre les « invisibles », ceux-là mêmes qui donnaient hier à la gauche sa raison d'être. Les nouveaux populismes européens soignent leur mise et leur verbe, un ravalement qui les rend plus fréquentables aux yeux d'un large électorat. D'un pays à l'autre, il suffit

114. *Ibid.*, p. 112.

d'être attentif à leurs têtes dirigeantes – une galerie de jolies blondes pour la plupart – ou à leurs organisations de jeunesse. Des étudiants qui rappellent davantage les militants des Journées mondiales de la jeunesse chrétienne (JMJ) que les skinheads classiques des Jeunesses nationalistes révolutionnaires (JNR), front bas, rangers et bombers noirs. Enfin, alors que l'extrême droite était hier majoritairement représentée par des fils de famille, le gros des bataillons de l'actuelle « génération anti-racaille » provient de milieux modestes.

Le discours privilégiant la défense du peuple et des « vaincus de l'histoire » s'est lui aussi adapté : l'accent tombe sur l'identité plus que sur l'origine immigrée. On se revendique moins de la biologie et de la pureté que de l'unité, de la solidarité et de la souveraineté nationales. Si l'étranger menace, ce sera moins par sa race ou la couleur de sa peau que par ses valeurs (islamisation). Les plus radicaux des identitaires vont désormais jusqu'à récuser l'accusation de racisme. Ils prétendent ne pas croire dans la supériorité d'une race sur une autre, mais vouloir simplement se « sentir chez eux », en somme une « question de territoire ». Les élites mondialisées et sans frontières ne leur plaisent pas davantage. À leurs yeux, elles ne sont pas inféodées au Grand califat, mais à une Union européenne qui impose ses diktats à la manière des internationalistes d'hier. Nous avons aussi la variante ultra selon laquelle la Commission européenne prendrait secrètement ses ordres auprès du Conseil européen de la Fatwa et de la recherche, une institution qui a longtemps autorisé des prédicateurs de haine, comme al-Qaradâwî, à décréter des fatwas en Europe, d'où la crainte que ces commandements ne finissent par se substituer aux lois des États. À Rome, en 2002, cette organisation proche de l'Union des organisations islamiques de France (UOIF) avait laissé dire à al-Qaradâwî qu'« avec vos lois démocratiques nous vous coloniserons, avec nos lois coraniques nous vous dominerons ». Or, nul, ni à Bruxelles ni ailleurs, n'a estimé utile de le recadrer. Enfin, dans un contexte de grave crise économique, la défense des « petits » contre les « gros » et les flux financiers vagabonds se marie opportunément au refus de la compétition forcenée : les populismes new look assurent s'attrister d'une société transformée en champ de bataille, où les plus fragilisés se voient abandonnés à leur sort par des élites à leurs yeux cyniques et immorales.

Insécurité culturelle : tensions et impasse

Cette rhétorique opère sur une peur grandissante, de facture elle aussi inédite : la crainte éprouvée par beaucoup d'Européens de voir simultanément remis en cause leur patrimoine matériel *et* leur patrimoine culturel. En d'autres termes, leur *niveau* de vie, y compris les grandes prestations publiques (éducation, santé, sécurité, retraites), d'une part. Et de l'autre, leur *mode* de vie, ce système de valeurs dans lequel une société se reconnaît et où, en Europe, la liberté et l'égalité entre les individus occupent une place centrale. Pour rendre compte de la défense conservatrice et virulente de ce double patrimoine – matériel et immatériel –, la notion de *populisme patrimonial*, forgée par Dominique Reynié, est particulièrement éclairante[115]. Que va-t-il advenir de cette pluralité d'éléments qui

115. Dominique Reynié, *Populismes : la pente fatale*, *op. cit.*,p. 31.

concourent à produire un monde ressenti comme familier, donc constitutif d'une « identité » ? s'interrogent aujourd'hui bon nombre d'Européens. Une question lancinante qu'il serait ruineux d'ignorer dans les années à venir.

Le Vieux Monde a toutefois un énorme problème, que les leaders populistes se gardent bien de soulever. La préservation de leur patrimoine matériel rend en effet les Européens dépendants de la croissance démographique. Sans cotisations, point d'État providence ni de services publics. Or, désormais, cette croissance procède principalement de l'immigration. Et l'Europe est devenue le premier pôle migratoire de la planète avec 3,5 millions d'immigrés officiels et quelque 500 000 clandestins par an. La majorité est de confession musulmane, originaire d'Afrique et du Maghreb. Alors que les Européens « de souche » ne font plus assez d'enfants, comment vont-ils s'y prendre pour préserver leur patrimoine matériel et immatériel ? Cette immigration massive modifie de fait l'équilibre culturel des sociétés d'accueil. D'où de sérieuses frictions avec les populations d'origine musulmane, éventuellement porteuses d'un modèle différent. En 2009, le Transatlantic Trends recueillait ainsi 50 % de « oui » de la part des Européens à la question de savoir s'ils jugeaient l'immigration problématique (contre 43 % en 2008). Compte tenu de ces données, l'interminable refus des gouvernements comme des élites pensantes du Vieux Continent à prendre la mesure de cette défiance constitue une véritable énigme.

« À bas le fascisme ! », et non pas bien sûr l'islamo-fascisme (une chimère, comme chacun sait), telle est, en forçant le trait, la seule chose qu'on aura su rétorquer à ces masses désemparées dont l'inquiétude ne se nourrit pas de rien. Conséquences dramatiques sur une décennie, de 2005 à 2015, de l'affaire des caricatures de Mahomet au Danemark et en France ; attentats à Madrid et à Londres en 2004 et 2005 ; votation suisse de 2009 interdisant les minarets des mosquées (encore des fachos ?) ; assassinats de Pim Fortuyn (2002) puis de Theo Van Gogh (2004)[116] ; crimes de Merah (2012) ; attentat au musée juif de Bruxelles (2014) ; réplique de l'attaque de janvier 2015 à Copenhague le mois suivant... La liste n'est pas exhaustive. Phantasmes, actes isolés ? Jusqu'où va-t-il falloir aller pour que l'Europe démocratique ouvre les yeux et cesse d'offrir lâchement ces tragédies à la nouvelle extrême droite ? Jusqu'à quand va-t-on feindre la surprise face à ceux qui, dans ces conditions, se laissent forcément gagner par le sentiment que leur patrimoine immatériel, pour ne rien dire de leur vie même, pourrait être menacé à court terme par cette radicalisation de plus en plus meurtrière ? Faut-il attendre que le djihadisme fasse des milliers ou des dizaines de milliers de victimes sur notre sol pour que nos belles âmes cessent de taxer d'« islamophobes » ceux qui s'estiment, à juste raison, mal protégés tant les pouvoirs publics se sont réveillés tard ? Et qui s'insurgent le cas échéant quand des responsables musulmans réclament en prime des aménagements législatifs au nom d'un islam littéraliste nous renvoyant plusieurs siècles en arrière ? On comprend aussi que l'absence de mobilisation d'envergure parmi les musulmans d'Europe, ceux qui assurent ne pas se reconnaître dans cet islam agressif et réactionnaire,

116. Ian Buruma, *On a tué Theo Van Gogh. Enquête sur la fin de l'Europe des Lumières*, Paris, Flammarion, 2006.

puisse conforter l'impression que quelque chose s'est enrayé dans le processus d'intériorisation des normes et valeurs des sociétés environnantes.

Les politiques eux-mêmes ont réagi de façon désordonnée. La seconde moitié des années 2000 en a donné un riche florilège, entre un chef du Parti travailliste réclamant des « British jobs for british workers ! », une Angela Merkel assurant en 2007 que la charia ne serait jamais appliquée en Allemagne, en passant par le vote hâtif, en France comme en Belgique, de lois contre la burqa. Voile, prières de rue frisant la provocation, statut de la femme, controverses autour de la viande hallal, réticences à se plier aux règles de la laïcité – une forme de différent touchant à l'échelle de valeurs est venue s'ajouter à la concurrence économique. Que voulons-nous mettre en commun, pour aller vers quoi ? En période de raréfaction des ressources, quand s'exacerbent inévitablement les contentieux culturels et les conflits d'intérêt, ce différent peut prendre des dimensions explosives. En Angleterre, et en dépit du modèle multiculturaliste en vigueur, six musulmans sur dix, sans être des extrémistes pour autant, admettaient dans les années 2000 qu'ils préféreraient voir leur existence régie par la charia plutôt que par le droit britannique. Or, la loi coranique n'est objectivement pas compatible avec le corpus libéral européen – égalité des sexes, liberté sexuelle, d'opinion et de blasphème.

Retour sur le droit au blasphème

Soyons sincères : sur la question du blasphème, on croyait en Europe le débat clos depuis 1791. Il s'est rouvert dans la passion, le sang et les larmes au XXIe siècle et il ne semble pas que les catholiques ou les bouddhistes en soient responsables, ni quelque extrémiste musulman prêchant dans le désert. En 2005, lors de la première publication des caricatures de Mahomet par *Charlie Hebdo*, l'Union des organisations islamiques, la Grande Mosquée de Paris et la Ligue islamique mondiale avaient ainsi jugé indispensable d'engager une procédure contre l'hebdomadaire pour « injures publiques à l'égard d'un groupe de personnes en raison de leur religion ». Ces organisations ont été déboutées en 2007 et au moins ont-elles eu recours aux tribunaux et non à la kalachnikov. On aurait toutefois pu s'attendre à ce qu'elles saisissent l'occasion pour se désamalgamer, pour montrer l'exemple et expliquer à leurs ouailles pourquoi il convient de s'adapter aux mœurs européennes en matière de blasphème, aussi désagréables soient-elles pour les croyants. À moins, en effet, les musulmans courent le risque de se voir « stigmatisés » et d'encourager une hostilité indiscriminée. Or au lieu de jouer leur rôle, ces responsables irresponsables ont préféré renforcer leur communauté dans l'archaïsme et la posture victimaire. Désespérant, au point qu'on s'interroge là encore sur les ressorts d'une telle attitude : inconscience, bêtise, lâcheté, escalade régressive, envie irrépressible d'être « mal-aimé », intégrisme masqué, couardise, peur de devenir soi-même une cible et d'avoir à vivre traqué, obsur désir de faire campagne pour l'extrême droite, stratégie visant à mettre hors jeu les tenants d'un islam des Lumières…

En 2012, on assistera à un scénario analogue après la publication de nouvelles caricatures : deux plaintes pour « diffamation » sont cette fois déposées contre *Charlie*, l'une par l'Association des musulmans de Meaux et de sa région, l'autre par l'Association syrienne pour la liberté. Et à gauche ? Combien de bons esprits pour condamner les « excès » du journal satirique, le soupçonnant au passage de vouloir stimuler ses ventes ? « Qu'ils crèvent ! », clamait alors Guy Bedos. Ils s'en est excusé – douze victimes plus tard – après l'attaque contre l'hebdomadaire. On n'a pas non plus souvenir que les tentatives d'assassinat ayant visé le dessinateur danois Kurt Westergaard aient suscité une immense émotion à travers l'Europe. Quant à la réaction de la Ligue des droits de l'homme, qui estimait au printemps 2006 qu'il valait mieux « dialoguer » avec l'islam politique que le « diaboliser », elle faisait un peu penser à la fameuse blague de Benoît Rayski du temps où, rédacteur en chef au *Matin de Paris*, il répondait parfois au téléphone en disant : « Ici l'Association "Nazisme et dialogue", bonjour… »

Comment s'étonner ensuite de voir croître le nombre d'inquiets, tourmentés par le refus ambiant de reconnaître que c'est l'islam qui tend à partir en croisade contre les valeurs occidentales, et non l'inverse ? Des inquiets méprisés dont on se demande par quel miracle ils ne votent pas plus massivement à l'extrême droite. Les curés intégristes, le pape, les cardinaux, les nationalistes corses ou basques, l'armée, le Front national, tout le monde en a pourtant pris pour son grade dans les colonnes de *Charlie*, mais les plaintes se raréfiaient. Et au tournant des années 2000, nous étions tellement occupés à capituler face à l'islamisme qu'une enquête, pourtant révélatrice d'un alarmant fossé culturel, est passée quasi inaperçue.

Sur la désignation des responsabilités dans l'affaire des caricatures, et par-delà le distinguo habituel entre islam et islamisme, le Pew Global Attitudes Project mettait en effet en lumière une vraie fracture, en Europe, entre musulmans et non-musulmans. Les premiers estimaient dans leur écrasante majorité que la crise, qui enflammait aussi le monde arabe, incombait surtout aux Européens et à leur non-respect de leur religion. D'un pays à l'autre en Europe de l'Ouest – cette unanimité transnationale en dit long et aurait dû être relevée –, les musulmans n'étaient pas loin de 80 % à penser ainsi (79 % en France, 80 % en Espagne, 73 % en Grande-Bretagne). La proportion s'inversait presque chez les non-musulmans, qui pointaient au contraire l'intolérance des fidèles du Prophète (67 % en France, 62 % en Allemagne). Il était donc plus accommodant de détourner les yeux. Nous avons ainsi perdu une précieuse décennie de rattrapage pédagogique au moment précis où l'islamisme montait en puissance.

Jusqu'à ce que les aveugles, en vertu d'une solidarité émotionnelle instinctive, deviennent tous des Charlie du jour au lendemain. Un peu facile. Et un peu tard pour que nos élites redeviennent crédibles. Aussi est-il probable que les nationaux-populismes finissent, dans toute l'Europe, par ramasser les dividendes. Les bien-pensants auront apporté leur précieux concours à ce succès. On ne les félicitera jamais assez pour cet exploit. Le dimanche 15 février 2015, deux « unes » venaient illustrer ce jeu de vases communicants. « La terreur frappe à nouveau à nos portes », titrait *Le Parisien* dans son « Fait du jour », l'attaque contre la synagogue et le centre culturel danois. « Le Front national s'enracine », titrait en parallèle *Le Journal du Dimanche* qui faisait état d'un sondage selon lequel près de trois

Français sur dix souhaitaient le succès du FN aux élections départementales de mars, soit une progression de neuf points en onze mois. De quoi faut-il s'étonner ? Du fait que le parti de Marine Le Pen s'installe comme une force politique alternative au Parti socialiste et à l'UMP, ou de la stupéfaction du journaliste s'étonnant pour la millième fois que le vote de protestation en faveur du Front national se soit transformé en vote d'adhésion ? On se frotte les yeux.

En attendant les prochains ébahissements du même genre, une chose est sûre : sous-estimer la formidable poussée du populisme « patrimonial » est d'autant plus périlleux que nous sommes engagés dans une course de vitesse. Un peu comme avec Daesh. La maturation spectaculairement rapide de ces populismes nouvelle manière est en train de rattraper les gouvernements aussi bien que l'Union européenne. Il serait hautement souhaitable qu'elle rattrape aussi les esprits. Hypothèse heureuse, mais incertaine tant elle reviendrait à reconnaître que nous nous sommes trompés et aveuglés depuis quinze ans. Aurons-nous ce courage ? Ou allons-nous continuer, contre vents et marée, de tuerie djihadiste en percée de l'extrême droite, à jouer l'oscillation du politiquement correct et du politiquement abject – une collusion non plus seulement mortifère, mais désormais mortelle ? L'issue dépend de chacun d'entre nous. À moins, nous sommes perdus.

CONCLUSION

Garder le Nord

Les carnages de l'année 2015 ont sonné la fin de la récréation. Contribueront-ils à nous ouvrir les yeux et à remettre la pensée à l'endroit ? La déraison collective où nous avons plongé depuis quinze ans n'est pas une fatalité. Rien ne nous oblige à abandonner l'Europe à ses travers les plus autodestructeurs pour assister, impuissants et complices, à son naufrage. Rien, sinon notre paresse intellectuelle, notre cécité volontaire et notre lâcheté. Par où nous retrouvons le fameux « ou bien ou bien » de Husserl en 1935, déjà cité : ou bien nous nous ressaisissons, ou bien nous sombrerons « dans la haine de l'esprit *et* dans la barbarie ». Le temps presse, nous y avons déjà glissé. Mais au fait, pourquoi cette conjonction de coordination ? La barbarie n'enveloppe-t-elle pas, par définition, la haine de l'esprit ? Et si Husserl voulait nous signifier par cette fausse tautologie que la barbarie – le nazisme pour lui, le djihadisme et le néofascisme pour nous – prolifère toujours sur la haine de l'esprit à laquelle s'adonnent les civilisés, souvent par étourderie ou par inadvertance plutôt que par malice ?

C'est pourquoi j'ai aussi voulu, dans ces pages, réfléchir à ce que nous autres, un pied dans le siècle écoulé, un pied dans celui qui s'ouvre, allons transmettre à nos enfants d'Europe afin qu'ils entrent dans le XXIe siècle mieux instruits par les catastrophes qui ont marqué le XXe. Mais afin qu'ils soient aussi capables d'en adapter les leçons au monde radicalement différent que nous leur laissons en héritage. Un massacreur se réclamant de Daesh ne ressemble pas à un nazi, mais leur idéologie totalitaire de destruction et de mort revient au même. Pour de nombreux parents dont je suis, conscients de vivre une de ces époques où une civilisation bascule, l'exercice n'est pas aisé.

Inventer des néo-réactionnaires de gauche ?

Au point que la question décisive aujourd'hui me paraît bel et bien être la suivante : comment garder le Nord en pleine mer, quand les nuages recouvrent les étoiles et que la mondialisation modifie l'ensemble des règles du jeu. Comment tenir le cap, sans appeler Marine ô secours, si j'ose dire. Mais sans s'imaginer non plus que l'on naviguerait près des côtes, comme s'il nous était donné de revenir en arrière, au bon vieux port de l'État nation pleinement souverain d'avant la globalisation. Ni se laisser bercer par la douce et funeste illusion selon laquelle les vieilles boussoles rouillées héritées de la « pensée critique » des années 1960-1970, tiers-mondiste, anticolonialiste et anti-impérialiste, allaient encore pouvoir nous guider.

Faudrait-il forger une nouvelle catégorie : les conservateurs *de gauche* ? Après tout, pourquoi pas si cela revient à désigner ceux qui, au nom de l'exigence de lucidité, entendent durablement *réagir.* Réagir à la perte de repères et aux pathologies endogènes qui minent nos sociétés déstabilisées et vieillissantes ; à la prolifération du cancer islamiste ; aux violations de la laïcité, à la mise en cause de la République par les communautarismes obtus ; à l'ensauvagement de nombreux jeunes des « quartiers » ; au rejet grandissant du projet européen ; à la montée de l'antisémitisme, à la détestation obsessionnelle d'Israël et des États-Unis ; à un système éducatif sinistré ; à la complaisance dont bénéficie l'islamisme et à la solitude des intellectuels laïcs et démocrates d'origine musulmane qui combattent pour leur liberté comme pour la nôtre ; au sentiment d'abandon qui travaille les sociétés européennes et les précipite dans le giron des populismes, nos élites s'obstinant à ne pas entendre l'exaspération des peuples pour y répondre autrement.

Le bébé et l'eau du bain

Garder le Nord ? Une expression populaire nous invite à ne pas jeter le bébé avec l'eau du bain. Si le bébé est déjà en partie tombé dans le bain, filons toutefois la métaphore, tant la tentation est forte, ces temps-ci, d'effectivement jeter le bébé (les faces les plus lumineuses de la civilisation européenne) avec une eau que s'emploient à salir gauche délirante et extrême droite divagante.

Garder le Nord, ou ne pas jeter les droits de l'homme avec ceux qui parlent trop vite de « droits-de-l'hommisme » ou avec ceux qui, à l'inverse, les invoquent à tout bout de champ, de préférence quand ils servent à interdire d'interroger les maux sur lesquels l'hydre intégriste prospère. Et quand il serait plus pertinent de parler des devoirs de chacun envers certaines valeurs certes contraignantes, mais qui conditionnent le vivre-ensemble. Ne pas sacrifier l'Europe aux catastrophiques dysfonctionnements de l'Union européenne ni à l'irresponsabilité de ses dirigeants. Ne pas sacrifier l'autonomie de l'individu à l'hyperindividualisme ni aux tenants du multiculturalisme ni à ceux qui, au nom du droit à la différence, contestent aux individus le droit d'être différents de leur différence. Ne pas abandonner le travail de mémoire à ses mauvais usages. Ne pas sacrifier l'intégration à ceux qui estiment qu'elle est en marche dans le meilleur des mondes ou, au contraire, à ceux qui la croient impossible ou fascisante. Ne pas renoncer au devoir d'assistance à peuples en danger au nom de ce qu'Éric Zemmour appelle « la sensiblerie » et de ce que la lâcheté collective ne veut pas voir dès lors qu'il s'agit de conflits opposant des musulmans à d'autres musulmans. Ne pas sacrifier l'héritage du combat anticolonial à un anticolonialisme qui revient à trouver des charmes libérateurs aux islamistes dans leur offensive contre les valeurs occidentales. Ne pas sacrifier la lutte contre le racisme à ceux qui la détournent pour incriminer le sionisme et les Juifs, ni à ceux qui, révoltés par ce hold-up, finissent, de guerre lasse, par rendre les armes. Ne pas sacrifier le défi que nous lance l'islam radical à ceux qui se complaisent dans l'art de se crever les yeux ou à ceux qui en profitent pour faire trembler les masses face à une imminente transformation de l'Europe en « Eurabia ». Ne pas sacrifier la cause de l'égalité ni celle des minorités, par définition vulnérables, à ceux qui pensent que l'Autre a toujours raison ou toujours tort. Ne pas sacrifier la lutte contre les discriminations à ceux qui préfèrent parler de lutte des races, par où le Front national rejoint les Indigènes de la République et autres spécialistes du lepénisme à rebours. Ne pas sacrifier l'impératif d'une mondialisation mieux régulée à ceux qui, en vertu d'un étrange cousinage les rapprochant de la droite extrême, croient pouvoir prôner la « démondialisation ». Je laisse le lecteur poursuivre – on pourrait décliner ce raisonnement à l'ensemble des grands enjeux contemporains.

Le propos est frappé au coin du bon sens ? Oui, mais notre époque égarée, c'est un de ses paradoxes, semble plutôt encourager la pensée mystique au détriment d'une pensée simplement réaliste, arrimée à quelques principes fondamentaux. Il serait urgent d'en retrouver le chemin, si tant est que nous entendons encore résister aux assauts des nouveaux barbares comme à la marche somnambulique d'une hypermodernité travaillée par d'inquiétants penchants suicidaires.

Vers une « solidarité des ébranlés »

Certains hommes vivent dans l'Histoire (et pour des raisons évidentes, les Juifs y sont plus enclins), d'autres se contentent de vivre leur vie. Tel est dernièrement le cas de l'homme européen. Un salutaire vertige quant au destin de l'Europe ne s'en est pas moins emparé, ces derniers temps, d'un certain nombre d'individus sensés, même s'il s'éprouve plutôt solitairement que solidairement. Sur le mode du chacun pour soi davantage que sur celui d'une unité ou d'une « solidarité des ébranlés », pour reprendre la belle formule de Jan Patočka qui estimait que la philosophie doit toujours se tenir sur la ligne du front[117]. Le philosophe hérétique désignait par cette formule la communauté qui avait pu unir les combattants de 1914 montant en première ligne et qui,

117. Sur ce thème, cf. mon ouvrage : *Jan Patočka. L'Esprit de la dissidence*, Paris, « Le Bien commun » Éditions Michalon, 1998.

confrontés à l'absurdité de la situation en même temps qu'ils mettaient leur vie en jeu, ont « subi le choc » et ont alors « compris ce dont il y va dans la vie et dans l'histoire[118] ». Comment redescendre de ces sommets – comment ne pas laisser retomber et pâlir l'esprit du 11-Janvier – sans s'en remettre à nouveau aux critères d'une quotidienneté oublieuse, où une émotion chasse l'autre et où l'on finit par s'accommoder de nos lâchetés puisque tout le monde s'en accommode.

Paix de vaincus ? Dans un très beau poème justement intitulé *La Guerre sainte* – sainte car rigoureusement intérieure –, René Daumal décrivait la difficulté à la faire éclater de façon irréparable. Si « elle s'allume bien, de temps en temps, ce n'est jamais pour très longtemps. Au premier semblant de victoire, je m'admire triompher, et je fais le généreux, et je pactise avec l'ennemi. Il y a des traîtres dans la maison, mais ils ont des mines d'amis, ce serait si déplaisant de les démasquer. Ils ont leur place au coin du feu, leurs fauteuils et leurs pantoufles, et ils viennent quand je somnole, en m'offrant un compliment, une histoire palpitante ou drôle, des fleurs et des friandises, et parfois un beau chapeau à plumes[119] ». C'est dire si la guerre n'est pas gagnée. D'autant qu'il nous faut, pour penser *juste*, contradictoirement *prolonger* les catégories d'un XXe siècle dont les catastrophes tendent à s'évanouir dans la conscience « zappeuse » engendrée par la civilisation Internet, et *en sortir*. Penser le présent « sans garde-fou », disait Hannah Arendt. Mais non sans balises.

---

118. Voir Jan Patočka dans ses *Essais hérétiques sur la philosophie de l'histoire*, préface de Paul Ricœur, postface de Roman Jakobson, Lagrasse, Verdier, traduit du tchèque par Erika Abrams, 1981 [1975].
119. René Daumal, *Le Contre-Ciel*, suivi de *Les Dernières Paroles du poète*, Paris, Gallimard, 1970, p. 205.

TABLE

Composition réalisée par Belle Page

Grasset s'engage pour l'environnement en réduisant l'empreinte carbone de ses livres. Celle de cet exemplaire est de :
0.540 kg éq. CO_2
Rendez-vous sur
www.grasset-durable.fr

PAPIER À BASE DE FIBRES CERTIFIÉES

Dépôt légal : mai 2015
N° d'impression : 18843